浙江省普通高校"十三五"新形态教材

浙江省 2018 年重点出版物出版计划

2019 年度浙江省社科联人文社科出版资助项目(19WT09)

U0749218

触媒西方

——外国的传媒业

冯文丽 著

浙江工商大学出版社 | 杭州

ZHEJIANG GONGSHANG UNIVERSITY PRESS

图书在版编目(CIP)数据

触媒西方:外国的传媒业 / 冯文丽著. —杭州:
浙江工商大学出版社,2020.1
(网络化人文丛书 / 蒋承勇主编)
ISBN 978-7-5178-3612-4

Ⅰ. ①触… Ⅱ. ①冯… Ⅲ. ①传播媒介—产业发展—
研究—国外 Ⅳ. ①G219.1

中国版本图书馆 CIP 数据核字(2019)第 276917 号

触媒西方——外国的传媒业

冯文丽 著

出 品 人	鲍观明	
责任编辑	田程雨	
封面设计	林朦朦	
责任印制	包建辉	
出版发行	浙江工商大学出版社	
	(杭州市教工路 198 号 邮政编码 310012)	
	(E-mail:zjgsupress@163.com)	
	(网址:http://www.zjgsupress.com)	
	电话:0571-88904980,88831806(传真)	
排 版	杭州朝曦图文设计有限公司	
印 刷	杭州宏雅印刷有限公司	
开 本	787mm×960mm 1/32	
印 张	6	
字 数	100 千	
版 印 次	2020 年 1 月第 1 版 2020 年 1 月第 1 次印刷	
书 号	ISBN 978-7-5178-3612-4	
定 价	28.00 元	

总　序

　　从普及人文知识，提升大学生和社会公众人文素养的宗旨出发，我们精心策划编写了这套"文字—视频—音频"三位一体的"网络化人文丛书"。其定位是：人文类普及读物，兼顾知识性、学术性、通俗性；既可作为大学人文通识课教材，又可作为社会公众的普及读物。

　　移动网络时代，"屏读"逐步改变着人们的阅读方式，传统的"纸读"在人们的阅读生活中有日渐淡出之势。常常有人称"屏读"为肤浅的"碎片化"阅读，缺乏知识掌握的系统性和文本理解的深度，因此，我对此种阅读方式表示忧虑。

　　我以为，我们应该倡导有深度和系统性的阅读——主要指传统的"纸读"，但是，对所谓"碎片化"的阅读，也不必一味地批评与指责。这不仅是因为"屏读"依托于网络新技术因而有其不可抗拒性，还因为事实上这种阅读方式也未必都是毫无益处甚至是负面的，关键是网络时代人们的心境已然不再有田园牧歌式的宁静与悠然，而是追求单位时间内阅读的快捷性和有效性，这符合快节奏时代人们对行为高效率的心理诉求。我们没有理由在强调不放弃传统阅读方式的同时，非得完全拒斥移动网络时代新的阅读方式,而应该因势利导,为新的阅读方式提供更优质的阅读资源和更多元化的阅读渠道。

基于此种理念,这套"网络化人文丛书"力求传统与现代、人文与技术的融合,通过二维码技术使"纸读"与"屏读"(视频、音频)立体呈现,文字、视频和音频"三位一体",版式新颖;书稿内容力求少而精,有人文意蕴,行文深入浅出、雅俗共赏,在一般性知识介绍与阐释的基础上有学术的引领和提升;语言简洁、明了、流畅,可读性强,既不采用教材语言,也不采用学术著作语言,力图让其成为网络时代新的阅读期待视野下大学生和社会公众喜闻乐见的人文类普及性读物。

我们坚信,这样的写作与编辑理念是与时代精神及大众阅读心理相契合的。不知诸君以为如何?

蒋承勇

2018 年 8 月

目录

5 客观主义理论

6 西方的新闻报道

引　言　从印刷到网络

　　新闻现象，我国古已有之，比如古代的邸报，但新闻事业产生于西方。依据演进的形式，新闻传播大致经历了口头传播、手写传播、印刷传播、电子传播、互联网传播几个发展阶段。其中，印刷传播、电子传播、互联网传播对人类新闻传播的影响最大。

　　在古代社会，口头语言传播的方式就已十分多样，言谈、演讲、讨论、传闻、民谣、歌赋、说唱等都包含着人们需要的新闻信息。法国学者库蕾从"城邦"出发，介绍了古希腊的口头传播。行吟诗人以惊人的记忆力和语言表达能力传诵英雄的业绩或神的传说。其听众一般是宴会上的贵族。古希腊人在参政院与公民大会发表讲话、进行演讲和讨论、辩论。公共广场、剧院、运动场等是古希腊的公民们经常出入的交流场所。古代新闻性最强的口头传播,往往出现在战争或其他重大事件中。前 490 年 9 月,士兵菲迪皮茨奉命从马拉松战场以最快的速度跑回 40 多千米外的雅典。他向聚集在雅典中央广场上急切等待战争消息的人群激动地喊道:"我们胜利了,雅典得救了!"喊完就倒地去世了。这可以说是最著名的一次口头新闻传播。

文字的出现,是人类传播史上的一个里程碑,它标志着人类原始时代的结束,文明时代的开始。有了文字,就有了手写的新闻传播。这种传播突破了口头在时间和空间上的局限,可以使信息传播的容量更大、距离更远、留存的时间更长久。随着文字诞生,出现了手写新闻传播,后来它渐渐成为主要的新闻传播形式。在古代西方的手写新闻传播活动中,有两种形式历来受到史家的注意:一种是公告式的,即原始形态的官方公报;一种是书信式的,即新闻信。

最早的官方公报是古罗马的《每日纪闻》。前59 年,执政官尤列乌斯·恺撒下令将执政官的命令和元老院议员、公民大会的议事记录公布在公共场所涂有石膏的特制木板上。这种立在公众聚集的场所的白板,人们把它称为 album,并将写在上面的内容称为 acta publica,"publica"的意思是

"向公众发表"。这一方式沟通了统治机构的内部联系,起到了维护帝国统治的作用。这一公报或断或续持续到330年迁都君士坦丁堡。

"新闻信"出现于前500年以前,它是传递新闻、交流信息的书信,是西方古代历史上流传最久的手写新闻传播形式。官方的新闻信常有传递政情军情的性质。前47年,恺撒由埃及快速进军小亚细亚,征讨本都王国。战争顺利结束后恺撒即写信给罗马告捷,信上只用了三个词:"我到,我见,我胜。"私人的新闻信主要流行于上层社会。罗马共和末期的著名学者西塞罗留下了900多封信,其中记述了当时许多重要事件和人物,记录了罗马的政治、外省的情况,以及民间习俗、竞技游乐等。罗马作家小普林尼留下《通信集》10卷,包括书信300多封,记述了上层社会的许多事件和生活情况。其中一封叙述了发生于79年的维苏威火山爆发的详细过程。古罗马时代有了"记者"的雏形。驻扎在省里的权贵会委派一个或几个聪明的奴隶作为私人记者去首都,让其以书面报告的形式汇报那里的日常情况,特别是对省里的生活有影响的商业和政治活动情况。

印刷术的发明,在人类传播史上又竖起了一座重要的里程碑。印刷术使原先为奴隶主、封建主或教会上层垄断的文化知识扩散开来了。印刷的大量使用使原本手抄的《圣经》变得廉价，广泛的阅读使人们对宗教教义有了自己的理解，以至于对宗教的阐释权由教会转移到了民众。16 世纪欧洲爆发了宗教革命，印刷业成为欧洲社会变革的动因之一。"报纸是印刷机制造的最新奇的产品。随着报纸开始发展出提供新闻和娱乐的功能，它就成了印刷机影响社会和政治变革的主要催化剂。"

新闻事业产生于手写传播和印刷传播的阶段。"新闻事业是新闻机构及其各项业务活动的总称，由专门化的机构从事采集信息、制作信息并利用各种新闻传播手段发布信息的活动。以专门从事新闻为职业的专业人员为主体，具有广泛的社会影响。大众传播媒介是新闻事业发展到一定阶段的产物。报纸、广播、电视、互联网在新闻学上总称为新闻事业。"

新闻事业发端于欧洲。地理大发现、文艺复兴、宗教改革、资产阶级革命是 15—17 世纪欧洲的重大事件。跨国的商业贸易需要最新的信息，战争带来社会变动，所以新闻传递由新闻册子、新闻书变为新闻纸，由不定期发行变为定期发行，进而成为与资本主义发展相伴随的新闻事业。

电子传播以广播、电视为代表,挣脱了印刷传播时代的物质束缚。电报的发明主要解决了长距离即时点对点的传播。广播、电视将点对点的传播发展成点对面的传播,使即时的全球大范围的新闻传播成为可能。电子媒介时代的新闻传播,无论传播的速度、广度,内容的丰富程度,复制、扩散和保存的能力,在人类新闻传播史上都是空前的。

到了互联网时代,新闻传播可以说融合了这之前所有时代的媒介的特质,使符号、文字、图片、声音、视频等多种内容经数字化处理后,以交互的方式向无穷无尽的网络空间传播。同时,互联网创造自己的技术逻辑和特色:去中心化、无组织的组织、广泛的连接、开放互联等等。可以说,互联网的传播是一次新的传播革命。这场革命由美国为主导,引发了传统媒体(以报刊、广播、电视为主)的颠覆性变革。

1　印刷与媒介

印刷术不仅给中国,也给欧洲,乃至整个世界文明带来了曙光。印刷及其最有影响力的产品——报纸,与资本主义相伴而生,成为推动社会变革的重要力量,使文明传播有了新形态。印刷术结束了手抄传播的历史,开创了一个快速复制的传播时代。在书籍、报刊的启迪下,文化开始繁荣,君主的神秘权威屈服于民主制度。

1.1　"作为变革动因的印刷机"

在欧洲,活字印刷术的发明需要许多物质基础,比如字母、纸张的应用,油墨技术的完善。在古登堡发明活字印刷术的 15 世纪,这些都已经具备。

1.1.1　印刷术发明的物质基础

在印刷术的故乡中国,印刷所需要的纸张早

在西汉初年就已经出现了，欧洲生产纸张要迟1000多年。751年，唐朝军队在怛罗斯城被大食帝国打败，大量军士被俘虏。其中被俘的数名中国造纸工匠，将造纸的秘密传给了阿拉伯人。同年，阿拉伯人在撒马尔汗建立造纸厂，从此，撒马尔罕纸成为当地重要的出口商品。794年，亚洲的伊拉克、叙利亚，非洲的埃及、摩洛哥，先后开始造纸。1150年，距蔡伦造纸1000多年后，在阿拉伯人统治下的西班牙开始造纸，这是欧洲首次开始造纸。14世纪晚期，纸在欧洲得到广泛使用，替代了欧洲人之前使用的价格昂贵的羊皮纸。

在使用中国人发明的纸以前，西方人经历了从使用莎草纸到羊皮纸的过程。约前3000年，古埃及人制造莎草纸。相传，收藏莎草纸文献最丰富的是古埃及始建于公元前3世纪的亚历山大图书馆，据传其藏有70万卷的手抄本书，是当时世界上最大的图书馆。莎草纸是使用最早、应用时间最长的纸质传播媒介，从约前3000年使用到8世纪。根据普林尼在《自然史》中的记载，前2世纪，位于小亚细亚北部的帕加马帝国君主欧迈尼斯二世热衷于收集和抄写图书。为了使帕加马图书馆的藏书量能够与亚历山大图书馆相媲美，他打算从埃及大量进口莎草纸。为了遏制帕加马图书馆的发展,埃及托勒密王朝国王托勒密五世下令将莎草纸的制造方法列为国家机密,并严格禁止向帕加马输出莎草纸。欧迈尼斯二世不得不另辟蹊径,命令把羊皮处理成光滑的薄片,用其来代替莎草纸。据普林尼的说法,这种新型书写材料肇始于一个名叫查塔·坡噶米纳的地方。到4—5世纪,羊皮纸逐渐替代了莎草纸。羊皮纸易于保存,但工艺复杂,成本高昂,用羊皮纸抄成的书籍成为极为贵重的物品,像教会、修道院等组织才能拥有,以致知识被垄断起来。而西方广泛使用廉价的纸张要1000多年以后。

字母的发明为活字印刷提供了便利。约前1500年,迦南人发明了最早的字母表。欧洲印刷术发明的15世纪,字母表已经标准化,而且字母数量有限,便于无限地排列组合成词汇,所以它很适合大规模的机械化生产。

廉价纸张的广泛使用,简洁的字母成为最基础的文字要素,油墨技术的相应调整,欧洲活字印刷术的诞生可谓万事俱备,只欠东风了。

1.1.2　印刷术在中国和欧洲的发明

考古发掘表明,最初的印刷形式——雕版印刷在中国唐代时期就已经出现。雕版印刷术由马

可·波罗于 1295 年从中国返回意大利后介绍到欧洲，并从 14 世纪和 15 世纪开始在欧洲流行。约 1045 年，北宋的工匠毕昇受到印章的启发而发明了一套可以反复使用的泥制"活字"。这种方法便成为中国活字印刷术的滥觞。

欧洲最先发明活字印刷术的人是德国美因茨市斯特拉斯堡的约翰内斯·古登堡。1450 年起，古登堡在他的搭档约翰·福斯特的帮助下，使用一种铅合金浇铸每个用浮雕法雕刻而成的反向字母。很显然，他当时并不知道中国早就已经在使用这种印刷术。

在利用由榨汁机改装的印刷机印刷了数本图书之后，由于无法偿付福斯特的贷款，1456 年，古登堡就失去了他的店铺。但他随即又在美因茨市长的支持下再度开始了出版印刷活动。同年，42 行《圣经》出版，成为世界新闻出版史上的里程碑事件。另外，他还出版了《圣经·诗篇》、36 行《圣经》和通俗百科全书《万灵药》等等。以后几十年间，古登堡的印刷术在整个欧洲扩散。而且，德国和意大利一些规模较大的印刷所还在欧洲各地初步建立起了印刷品销售体系。因此可以说，此时的印刷术在欧洲已经得到了广泛的应用。整个15 世纪，欧洲至少印刷了 3.5 万种书籍，以最低标准估计共计 1500 万—2000 万册。所以 15 世纪印刷机基本扩散至欧洲,16 世纪已到了美洲。

1.1.3 印刷物的广泛传播使知识的垄断被打破

"印刷术在欧洲诞生的原因,必须存在一个有着各种不同的活动和技能的有利的冶金业环境,而最初的印刷工场的所在地正反映了这种情况。"

还有,自 11 世纪起,大学的崛起为欧洲出版业带来了复苏的机会。在大学的图书工场里,发生了出版业的一次革命:羊皮纸有了改进,开本变小,字体更简洁,鹅毛笔代替了芦苇杆,装帧让位于内容。图书变成了思想的工具,而不再是地位的象征。"由于书籍的需求和供应主要集中于大学,这些大学自然而然地成为书籍交易或我们应当说是出版业的中心。"

施拉姆认为,"谷登堡正处于一个即将出现文化爆炸的社会情势下,而此种文化爆炸的确于一个世纪内发生了。14、15 世纪时,由商人、贸易家与工匠组成的新都市阶级出现,与拥有土地的贵族分享权力。他们其中许多人的事业兴盛,有能力购买资讯。……中产阶级因而要求与贵族及神职人员分享识字的权利。……平民社会

在教育、商业、科学及政治等方面对印刷品的需要数量均与日俱增,教会也需要印制赎罪券(一种通过货币购买来抵销罪行的券种。券的面值越大,能抵销的罪就越大。——特注)、祈祷书及圣经等书册。也就是说,当时社会对印刷品的需求甚殷,而且也具备足够的资源来满足、支付此种需要"。

在印刷术发明前,欧洲的书籍是手抄传播的。529年,本尼迪克特创立天主教隐修制度,在修道院内设立抄书室,制定了修道士从事宗教书籍抄写与翻译的制度,出版于是成为宗教机构的固定专职之一。当时,装帧复杂精美的手抄本书籍,根本不是为了供人阅读,而成为贵族的奢侈品、修道院的藏品、抄写修士对上帝的供品。知识被教会所垄断。米歇尔·福柯认为知识与权力有复杂又纠结的关系。知识的生产,同时会带来对知识的控制。所以"知识就是权力"无形中转化为"阐释就是权力"。中世纪的教会垄断了知识的生产和阐释,他们控制基督教世界相当容易,教会主要通过修士和主教来管理不识字的教众。

在羊皮纸上写东西很花力气。"抄书人一天6小时只能抄两三页,10个月到15个月才能抄完一本《圣经》。大部头的《圣经》耗尽了修道院的精力。13 世纪,世俗的抄书人取代了修道院的修士。"

虽然教会垄断了知识,印刷技术的进步却促进了资本与市场的繁荣。原有的手抄书行业立即意识到它降低制作成本、提高出版速度的商业价值。十字军东征以来对古典文明的重新发现,使知识界对书本知识产生了一种持久的兴趣,形成了广阔的市场。商人的牟利动机、教会的扶持作用、市场的巨大需求,使古登堡的印刷术沿着主要城市间的贸易道路在欧洲迅速扩散。"印刷机快速进入了欧洲各国:1464 年传入意大利,1468 年传入瑞典,1470 年传入法国,1471 年传入尼德兰,1472 年传入匈牙利,1474 年传入西班牙,1476 年传入英国,到了 1490 年,每座欧洲大城市至少有一台印刷机。"1539 年传入墨西哥、1638 年传入美国,以及其他各地。"1448 年—1450 年,欧洲 246个城市建立了 1099 个印刷所,印刷了 4 万种共1200 万册书籍。"从内容上来看,印刷出版在西方开始之际就带有宗教、世俗、古典相混杂的特点,尽管宗教类书籍大约占到五分之四。

古登堡发明印刷术的本意,是为了避免书籍抄写中的错误,罗马教会相信这是"神赐的技术"。但随着印刷机大量印刷《圣经》,"神赐的技术"变成了"魔鬼的武器"。新教的异端邪说肆意传播,

引起天主教统治集团的恐慌,他们极力阻止信徒们阅读《圣经》以及路德和其他天主教反对者的著作。1564 年,罗马教皇颁布《禁书目录》,上面罗列了新教和其他异教的出版物。目录每 50 年更新一次。

古登堡印刷机发明后的 50 年里,印刷工的效率比手抄工的效率提高了上千倍,欧洲出版的机印书多达八百万册。15、16 世纪,印刷的普及逐渐消除了阶级间的知识差别,促使传播知识的责任从修道院转向印刷行业,进而推动书写传播所使用的语言从精英语言——拉丁语转向普通语言——方言。《圣经》等书的复制成本降低,变得廉价,民众能够接触到,阐释权由原来高高在上的教会下移到阅读它的民众。

随着技术进步,印刷机的效率得以提高,每小时的印量从 20 页增加到 200 页。"在 16 世纪到 18 世纪这段将近 300 年的时间里,印刷工人似乎对这种结实的大机器非常满意,而他们打印的速度之快,更叫我们惊讶。16、17 世纪的工人,在每天工作 12 到 16 小时的情况下,可以印完 2500 到 3500 张全开纸(虽然只是单面印刷);换句话说,每 20 秒能印完一整张纸,效率实在吓人。"

1.1.4 印刷术对宗教改革和启蒙运动的推动

大规模的印刷结束了教会垄断书籍生产的时代,人们可以开始关注原来被忽略的事件和体验。"史记、地理书籍、人物传记和对物质世界的观察取代了中世纪的精神慰藉,通过几个因素的共同作用,在中世纪晚期的欧洲读写能力变得极为普遍:廉价读物的广泛获取,透光玻璃窗改善了屋里的光线,17 世纪眼镜的发明。新观念的冲击引发了思考模式的嬗变。"

印刷术的发明也加速了新教反对罗马天主教权威的活动。宗教改革运动发起者马丁·路德和他在天主教中的敌手都极为巧妙地利用了印刷品。"公元 1517 年,路德在维滕堡大学教堂门上张贴《九十五条论纲》,抨击教廷发售赎罪券,其后他大量印刷了《论纲》,散布到德国各地。他在 1520 年发表的《致德意志贵族公开书》发行量逾 4000 册。"

从 1517 年路德发布《九十五条论纲》到 1520 年不到 4 年的时间里,路德的 30 本书就印行了 30 余万册,伊拉斯谟的著作发行量又大大超过了路德的著作。稍后,加尔文的《基督教原理》也传遍欧洲。

　　古登堡之前，欧洲人口不到 1 亿，欧洲手抄图书的总数只有数万册，而在半个世纪内，这一数目猛增到 900 万—1000 万。印刷文化创造了线性思维方式，独立思考、阅读成为"反社会"的行为。雅各布·布克哈特指出，书籍和建筑是"文艺复兴时期人们最感兴趣的两件东西"。

　　当大规模印刷成为可能时，改革派开始把《圣经》从希伯来文、希腊文和拉丁文翻译成群众的日常语言。第一本全文刊印的英语版《圣经》则由麦尔斯·科弗达尔在 1535 年出品。"凭借印刷，上帝变成英国人、或德国人、或法国人，这完全取决于用什么样的方言来表现上帝的信息。这样的结果是加强了国家民族主义，同时削弱了经文的神圣权威。从 18 世纪到现在，人们对国家的爱取代了对上帝的爱，这完全可以说是印刷带来的一个结果。"

　　《圣经》的去拉丁化促使了民族国家的兴起。随着各种语言版本的《圣经》在民众中流传，人们对《圣经》有了自己的理解。马克斯·韦伯发现，在 17 世纪加尔文对教义进行的重新阐释，引人注目却又出乎意料地导致信徒们最终认可了一种"尘世主宰"的精神气质，并使自己的全部生活都以劳动和物质成就为取向。清教主义产生了一种

"新教伦理"。韦伯的"新教伦理"是说:"实际上,这种伦理所宣称的至善,即尽量多多赚钱,与严格规避一切本能的生活享乐结合起来,首先是毫无幸福主义……它都显得是完全超脱的绝对非理性的。……人们被赚钱赢利所支配,将其视为人生的最终目的。经济赢利不再属于人类满足物质需要的手段。这种对我们应当称之为自然关系的颠倒,从素朴的观点来看是很不理性的,但它显然是资本主义的一条主导原则。"这种伦理精神在踏上美洲新大陆的清教徒那里显示出了与以往教众不同的气质。

历史学家伊丽莎白·爱森斯坦是当代媒介史领域的重要学者,她的著作《作为变革动因的印刷机》,将近代欧洲印刷术视为社会变迁的重要工具。该著作指出从 15 世纪末到 16 世纪,正是印刷术的扩散撕裂了西欧的社会生活结构,并用新的方式把它重新组合,从而形成了近现代模式的雏形。在她看来,印刷术的发明无异于一场"革命",不但增加了图书的产量、改变了出版的方式,重要的是影响了人们的学习、认识和思考方法。印刷材料的使用促成了社会、文化、家庭和工业的变革,从而推动了文艺复兴、宗教改革和科学革命。正如马克思说的:"印刷术……变为新教的工

具,总的说来变成科学复兴的手段,变成对精神发展创造必要条件的最强大杠杆。"

1.1.5　大众媒介迅速普及

"报纸是印刷机制造的最新奇的产品。随着报纸开始发展出提供新闻和娱乐的功能,它就成了印刷机影响社会和政治变革的主要催化剂。"

商业贸易和战争是欧洲新闻事业发展的基本动力,在社会的动荡和资本主义的发展中,大众媒介迅速普及。手抄小报、单张报纸、新闻书、"科兰特"是定期报纸产生前的媒介形态。

1.1.5.1　手抄小报

"新闻事业发展早期的历史表明,报业与战争有一种天然的亲合关系。从 14 世纪中叶起,土耳其人向欧洲扩张。土耳其战争遂成为报刊新闻记事的主题。1618—1648 年,欧洲发生了由宗教冲突引起、以德意志为主战场的'三十年战争'。这场大战带来了极大的破坏,另一方面刺激了卷入战争的德、奥、荷、英、法、丹、波、瑞典等国家和地区的新闻传播事业,其中大多数国家的报纸从此诞生,以中西欧为中心的新闻传播网逐渐形成,新闻信息从德国和荷兰向有关国家大规模扩散。"

随着地中海贸易的发展,意大利威尼斯的商

业活动日益繁荣,从而推动了当地新闻业务的开展。1536 年,威尼斯已有专门采集消息的机构和贩卖手抄小报的人。1566 年,威尼斯出现定期手抄新闻,内容涉及商品行情、船期以及通讯信息,也报道政治、战争和灾祸。由于商人和银行家云集,威尼斯成为早期的新闻中心,产出威尼斯小报。

世界地理大发现使得欧洲的商业贸易从地中海转向全球,因此形成了对新闻传播的规模化需求。此时,全球的文明区域正在连成一片,地理上进行贸易的关卡减少,传递信息的障碍也随之减少。当大批商人转向全球贸易时,简单的手抄新闻显然不够了。市场经济向全球的拓展,要求规模化的新闻传播。

从 15 世纪到 16 世纪,越来越密的信息传播网形成了,"手抄信息"的飞速发展恰恰是最好的证明,而这些手抄信息正是我们今天报纸的雏形。从大商业中心,尤其是德意志和意大利产生出的概述经济政治形势的信息,被归于一处由抄写人迅速地誊出 100 份、200 份,或是 300 份。安特卫普、法兰克福、里昂等市场繁荣的城市也竞相效仿。到 16 世纪末,手抄新闻已在整个欧洲普及。

1.1.5.2　印刷品：从单张报纸到新闻书

印刷术发明后，整个欧洲兴起对政治消息的狂热渴求。印刷时代前由游吟诗人以民谣形式传播四方的消息被印在大幅纸张上，是为单张报纸。这种大幅印刷品是单面印刷，侧转排印的，上半部饰有木版刻印的说明图案，折叠处下方是以花饰斜体大写字母开篇的两栏文字，其内容与现代报纸十分相似，包括新闻、娱乐消息和用布道词形式写就的社论。历史上著名的大幅印刷品包括 1493 年宣告了哥伦布发现新大陆消息的那期。报纸成叠卖给报童，再由报童以沿街叫卖的形式兜售出去。另外有不只单张报纸，评述单个新闻事件的 4 页出版物，则在 16 世纪后半叶风行欧洲。

政治与社会的动荡促发新闻刊布形式的演进，如"新闻书"的产生。英国每逢重大事件，书店和集市都会出售书本形式的"新闻书"或活页形式的"新闻册子"。1513 年出版过有关苏格兰战争的新闻书。在德国宗教改革期间，此类读物更是不计其数。1876 年有德国学者发现，1609 年，斯特拉斯堡、沃尔芬比特出版的新闻书，均有编号和出版日期。意大利在 1529 年出版有"格兰特会议新闻书"。在法国,这种不定期的出版物是用小开本的纸印成的 8—16 页的小册子,摆在商店里售卖。

1.1.5.3 "科兰特"

"科兰特"是对荷兰最早发行的不定期报纸的称呼。安特卫普的《新闻报》创办于 1605 年,创办者是亚伯拉罕·费尔赫芬。它报道了当年信奉新教的拿骚的莫里斯亲王从西班牙人手中夺取安特卫普的战斗。《新闻报》后改为周报,以 3 种语言文字出版。

1566—1609 年,尼德兰爆发了资产阶级革命。革命后,对新闻的控制较轻,阿姆斯特丹在 17 世纪上半叶发展成为全世界的"新闻前沿",荷兰成为新的报业中心,所出报刊种类,在 1626 年以前就达 140 种以上。

1620 年以前,荷兰的报刊出版周期已经缩短到单周或双周,并开始在报刊名称中采用"科兰特"。1620 年开始,科兰特出版英文和法文版。1620 年 12 月,荷兰阿姆斯特丹的印刷商乔治·威塞勒为了迎合英国人的兴趣,出版了一份英文科兰特,专门报道战争及新闻,由荷兰运抵英国销售,首批运到英国的那期上报道了当年 11 月 8 日的布拉格之战。威塞勒的"科兰特"没有固定的刊名,以"意大利的最新消息还未到来"为标题,直接

译自荷兰报纸,不定期出版。

严格说来,手抄小报、单张报纸、新闻书和"科兰特"都不算真正的报纸。它们不能定期出版,还有很多只出一期就销声匿迹了。下一阶段的"报纸"是以周期性出版为标志的。"它的出现是由于记者和读者之间建立了一种特殊的关系,从而创立了一种定期的'会面'。"定期报纸的出现,是新闻事业产生的标志。

1.1.5.4 定期出版物的出现

15 到 16 世纪,资本主义的扩张带来了贸易和银行业的繁荣景象,德国银行业巨头富格尔家族掌控着欧洲最主要的新闻收集机构。由于拥有最先进的印刷技术,德国成为最重要的印行中心。德国首次出现了使用 zeitung(意为"新闻"、"报纸")一词的新闻报道"东方新闻"。从 17 世纪初起,新兴的定期出版物则借助战争的东风迅速成长。这时出版物已经具备定期发行的条件。1580—1610 年,德国等地相继出现以周、月和半年为出版周期的报刊。"在 1609 年,甚至早自 1605 年,欧洲就已开始出版报纸。""报纸"即指定期出版物。它们第一次向读者提供一种"出版物的规律性",而不再是被动地事后追记重大事件,因而具有划时代的意义。

世界上最早的定期出版物诞生于德国。1609年，德国出现了两种周报：一是出现于沃尔芬比特尔的《通告—报道或新闻报》。创办于1590年，到1609年固定为每周一张，一条新闻。二是出现于斯特拉斯堡的《报道》。1615年，德国报业之父、书商艾莫尔创办周报《法兰克福新闻》，开始在一期报纸上同时刊登多条新闻。1626年创办的《马格德堡新闻》，则是世界上出版时间最长的报纸。1955年停刊，出版329年。

世界上第一份日报是1650年在莱比锡创办的《新到新闻》，由出版商蒂莫台斯·里兹赫创办。1660年，莱比锡印刷局局长创办周报《莱比锡新闻》，三年后改为日报。1682年，奥·门克教授在莱比锡创办了德国第一份科学杂志《学术纪事》。与1688年汉堡出版的《每月论坛报》一起，开创了德国期刊的思辨传统。

1621年，英国和西班牙以荷兰报纸为模式，出版了这两国最早标明日期的报纸。1621年9月，经英国国王詹姆士一世特许，英国一个名字缩写为"N.B"的人，获准印刷、销售专门刊登国外战事的科兰特，大约每周出版。1622年5月23日，伯恩与阿切尔合创的《每周新闻》是在英国伦敦出

版的第一种有编号和标明日期的报纸,其全名为"意大利、德国、匈牙利、波希米亚、莱茵河西岸地区和低地国家每周新闻",一直刊行到 1644 年始告停刊。1625 年,阿切尔出版《英国信使》,是英国第一份有正式刊名的新闻出版物。

在英国,1665 年 11 月 16 日,一份双面印刷的单页报纸《牛津公报》在牛津大学城创刊,周二和周五出版,每周发行两期,创刊人和编辑都是亨利·穆迪曼。它充任着英国政府的喉舌。"它是第一份现代意义上的报纸而在英国独享声誉。"①

英国第一份日报《每日新闻》的创立人是伊丽莎白·马莉特。她在 1702 年 3 月 1 日的创刊号上的编者按说:"本报(如其名所示)将会每日出版一期,旨在将重大新闻以最快的速度送达您手边;本报将报道限于新闻,以使读者免受一般报纸内容不着边际的困扰。"《每日新闻》共持续发行了 33 年之久。

"三十年战争"中诞生的最重要的报纸是法国的《公报》,其创办人泰奥弗拉斯特·勒诺多在 1631 年 5 月 30 日的创刊号上写道:"每位读者将

---

① [美]大卫·斯隆:《美国传媒史》,刘琛译,上海人民出版社 2010 年,第 22 页。

从提供的信息中受益：商人不会贸然将货物运往遭围困或已成废墟的城镇，士兵不会被调往没有战事的地方部署。"法王路易十三世亲自为这份准官方报提供战争新闻。《公报》一直出版到第一次世界大战期间。其后，法国更著名、更重要的一份报纸是《文雅信使》。这份由多诺·德维泽创办于1672年的报纸，有着政治与文化双重职责。它被欧洲各国效仿，甚至荷兰都设有分部。法国第一份日报是创办于1777年元旦的《巴黎新闻》，创办人是吉伦特派的领袖布里索。该报虽非官方报纸，但经官方批准，要接受新闻审查。它一般不卷入政治斗争，内容多样，但在《法兰西报》等特权报纸的排挤下，很难报道第一手新闻，后在1789年革命爆发时停刊。

从1610年到1661年，瑞士、奥地利、英国、法国、丹麦、意大利、西班牙、瑞典、波兰等国陆续出现定期报纸。它们以报道国外新闻为主，并逐渐转向日报。

报纸在作为新大陆的美国，其产生有着与欧洲不太相同的历史。在殖民地开发期，扩张者用以宣传的印刷品如洪水般泛滥欧洲——小册子、书籍、宣传手册、传单、报纸和其他任何能想出的方式一股脑地涌向北美殖民地。最早的北美移民

有阅读的习惯，出身不同阶层的北美移民很多都能读写。到达新大陆后，移民们不断向欧洲方面索取书籍、小册子和最新出版的报纸。1638年，北美有了第一架印刷机，有了书籍出版，并陆续出现了不定期的新闻书或单张新闻纸。1690年9月25日，波士顿的印刷商本杰明·哈里斯出版了一份名为《国内外公共事件》的新闻纸，声称"杜绝不实报道"为其办报宗旨。由于未经殖民当局允准，出版第一期后就被下令停办。

综上，随着贸易和战争的影响，新闻传播如手抄小报、单页新闻、新闻册子、新闻书在意大利、德国、荷兰发展起来，从不定期发展为定期。新闻传播在欧洲全面展开，大众传播时代的来临，加速了封建主义的没落和资本主义的诞生。

1.2 西方各国的新闻传媒业现状

最早的定期报纸产生在德国，随之扩展到整个欧洲大陆。报刊从一般的印刷出版物中分离出来，与书籍相区分，成为以报道新闻、评论时事为主的传播媒介。17—19世纪的英国实行了严厉的书报检查制度，欧洲的新闻传播业在抗争中曲折生长。在新大陆，美国的报业经历了殖民地时期、政党报刊时期，19世纪上半叶向"便士报"转化,报纸的商业化有新的探索,开启了报业的诸多新模式。目前,西方各国新闻传媒业各有态势,最发达的国家是美国。

1.2.1 美国

20 世纪,大众传媒业是美国的世纪。早在 18 世纪初北美就有了报纸,美国独立前后,作为当时唯一的舆论工具,报纸发挥了相当重要的作用。1833 年出现的纽约《太阳报》以低廉的价格出售,使报纸开始成为一种大众读物。之后美国报业快速发展,到 1900 年,美国已有 2200 多种报纸,日发行量 1500 多万份,占当时世界报纸发行量的一半以上。1910—1930 年是美国报业的黄金时期,每户订阅份数达到 1.3 份以上。在广播普及之前,报纸是美国最重要的大众传媒。美国真正的杂志是在 19 世纪初出现的,到 1900 年,美国已有 5500 种杂志,仅 19 世纪的最后 15 年中就增加了 2200 种,美国杂志史学家弗兰克·莫特称其是一个"比应有尽有还要多的时代"。

1.2.1.1 美国的杂志

美国第一本杂志是《美国杂志》,1741 年由出版商安德鲁·布拉德福在费城出版。18 世纪杂志的发展缓慢,19 世纪后开始转变,成为一个长

期性、盈利性的行业。此后美国杂志业步入成熟
时期,出现了像《哈泼斯》《大西洋月刊》等著名杂
志。20世纪初,以杂志为主体美国新闻界掀起了
一场对腐败进行曝光,对丑闻予以揭发的"扒粪运
动",呼唤社会良知与正义。综合性杂志以《麦克
卢尔杂志》《柯里尔杂志》为首,在运动中大显神
威,成为"人民的斗士"。

1922年《读者文摘》由华莱士夫妇创办。其
内容从约2000种畅销书和可读性强的文章中精
心选择摘登而成,反映了20年代的道德价值观,
也是文化知识与商业头脑的一种美妙结合,赢得
了读者的青睐。创刊后销量直线上升,它的成功
促使了一批文摘性杂志的创办。它曾是美国最有
影响力的杂志,销量曾高达1700万份,拥有全球
数亿读者。1995年出现颓势,2009年宣布破产保
护。之后的《读者文摘》开始了"数字转型",成为
亚马逊 KindleStore 中第二畅销的杂志。

1923年,亨利·卢斯等创办了《时代》周刊,
其宗旨是"使忙人能够充分了解天下大事",以国
际、国内新闻为主,大量使用图片,是解释性报道
的先驱。刊登封面人物是杂志的重要特色。2000
年,它每期发行550万份,是美国影响最大的新闻
周刊,被誉为"世界史库"。互联网兴起后,《时代》

杂志的业绩大受影响。

《时代》创办后新闻杂志陆续出现,如《新闻周刊》与《美国新闻与世界报道》。1948 年,电视成为大众传播重要的媒介后,美国的专业杂志日渐繁盛,如《福布斯》《国家地理》《生活》等。20 世纪,美国孕育出了全世界最发达的杂志媒体,许多都享有世界的声誉。同时,杂志记录并推动了社会文化的变迁,阅读杂志成为人们必不可少的日常生活方式。

美国杂志在 20 世纪获得了它引以为荣的历史地位。到了 20 世纪 80 年代和 90 年代美国杂志出现集团化的趋势。在网络时代,到 1999 年 80% 的杂志开设了自己的网站,并在网上销售。

1.2.1.2 美国的报纸

20 世纪 60—70 年代是美国报业的黄金时期,90 年代,美国报业陷入危机。20 世纪 60—90 年代,美国的日报发行量达 6232.4 万份。1993 年开始下滑,2004 年下滑幅度增加。2008 年金融危机,当年的日报发行量为 4860 万份,2009 年下降为 4565 万份,与 1945 年报纸发行量相当。这直接导致广告收入的降低。美国报业的广告收入 2000 年是 486.7 亿美元,达到历史顶峰。"9.11"

之后连续两年大幅下滑,2004 年包括数字端广告收入是 467 亿美元。2007 年为 422 亿美元,2008 年则降至 347 亿美元,跌幅 17.8%。到 2010 年,该数额竟骤跌为 228 亿美元,只相当于 1984 年的广告收入额。2014 年含数字端广告收入是 199 亿美元,不到顶峰时期的二分之一。2015 年美国报纸遭遇 2010 年以来最惨重的跌幅。2018 年报业的广告收入为 143 亿美元,其中数字广告占比 35%。

北卡莱罗纳州立大学的教授菲利普·迈耶在《正在消失的报纸:如何拯救信息时代的新闻业》一书中甚至给出了报纸消亡的时间:"2043 年春季的某一天,美国一位读者把最后一张报纸扔进了垃圾桶——从此报纸就消失了。"

1.2.1.2.1 《纽约时报》

《纽约时报》是美国乃至世界上最具权威,最受尊重的报纸之一,被誉为"历史的忠实记录者"。

1851 年 9 月 18 日,亨利·雷蒙德和乔治·琼斯创办了《纽约每日时报》。1857 年改名《纽约时报》。主张作风第一的主编亨利·雷蒙德一反便士报的庸俗化做法,创立了客观公正、认真、准确的报道风格。报纸出版的第四年发行量达到 4 万份。《纽约时报》在南北战争时因对战争的报道十分出色而成为美国杰出的日报。

到琼斯去世的 1891 年,该报一直保持着重要地位,但年利润下降到 1.5 万美元。

1896 年,阿道夫·奥克斯接管了濒于破产边缘的《纽约时报》。他提出"一切消息都适宜于刊印","报纸不应该弄脏他们早餐的餐巾"。售价降至每份 1 美分后,1899 年的发行量猛增到 75000 份,1901 年突破了 10 万份大关。进入 20 世纪,《时报》逐步取得美国报界权威地位。1921 年《时报》所得的收入为 1 亿美元,发行量为 33 万份,星期日版达到 50 万份。

阿道夫善于经营并任用人才。1904 年起,卡尔·范安达担任总编辑。他 25 年致力于改进新闻报道。1912 年,成功报道泰坦尼克号沉没事件。他负责的重大新闻的组织和采访工作十分精彩。时报的发展充分体现了阿道夫杰出的领导才能。

阿道夫去世后,其女婿阿瑟·海斯·苏兹贝格继任为发行人。该报新闻全面,内容详尽,对国际国内重要新闻都有充分报道,历史上独家刊登的重要文件甚多,如 1956 年苏共 20 大,赫鲁晓夫的秘密报告等。1963 年,苏兹贝格的儿子阿瑟·奥克斯·苏兹贝格继任。当时《时报》总公司年总

收入为 1 亿美元,到 1991 年,收入已达 17 亿美元,在这一过程中,《纽约时报》也完成了由家族式经营向市场式经营的转型。

1992 年,小苏兹贝格开始担任报纸发行人,该报仍是新闻全面、社论稳健的严肃报纸,其读者多为美国的高层人士。面对报纸产业下滑,网络新媒体渐兴的大趋势,《时报》于 1996 年创建了"纽约时报"网站。2000 年平日版发行量 109.7 万份,星期日版为 168.2 万份。随同美国经济的沉浮,《时报》的财务曾一度亏损,公司不得不抵押一部分时报大楼来运作资金。2011 年 3 月开始使用"付费墙",数字收入逐渐成为《时报》主要收入来源。目前《时报》的新媒体运营势头良好,是报业转向新媒体运作的楷模。严肃报纸的出现使得"信息模式"真正成为现代新闻事业的代表。到 2018 年《纽约时报》共获得 220 个普利策奖。

小苏兹贝格于 2017 年卸任,目前担任发行人的是他的儿子亚瑟·格雷格·苏兹贝格。

1.2.1.2.2 《华尔街日报》

《华尔街日报》是美国,也是世界上最大的金融类日报,被誉为世界政治的风向标,世界经济的多棱镜,世界金融的指南针,世界股市的晴雨表。1889 年由美国商业金融系统的记者查尔斯·H.

道创办,是道·琼斯公司财经新闻社的喉舌。1902年起由克拉伦斯·W.巴伦获得所有权。他为提高该报专业水平、扩大发行量奠定了基础,使该报成为一份严肃的财经日报。该报自称为"投资者的报纸",主要报道证券市场和上市公司,读者为金融业人士。20世纪20年代,该报年最高发行量是5万份。1940年,伯内德·基尔接管时,该报的发行量保持在大萧条后日销3万份的水平。基尔扩大了报纸的报道面,包括对重要的全国和国际新闻进行条理清晰的概括性报道及解释产业趋势的综合性报道。进行了其历史上最重要的一次编辑方针改革:摒弃了传统的新闻采编原则,将抽象的财经事件以故事的形式报道。以后该报发展为以金融新闻为主的综合性报纸。从此,《华尔街日报》践行新闻的专业主义原则,成为实用的讲"故事"(并非娱乐的"故事")报纸的典范,跻身主流大报。

1950年,该报年销24万份,到1955年猛升至36万份,1960年发行量超过了70万份,1966年发行破百万。到1976年,发行量达到了145万份,仅次于《纽约每日新闻》。1980年,它的发行量超过了《纽约每日新闻》。1983年时,该报已成为美国发行量最大的报纸,达210万份。1999

年,美国《哥伦比亚新闻评论》评选"走向 21 世纪的美国 21 种最佳报纸",《华尔街日报》名列第三,原因在于其调查报道所保持的高品质和挖掘精神。2000 年的发行量是 162.7 万份,居美国日报发行量的第二位。2007 年,该报被默多克的新闻集团收购,结束了班克罗夫特家族控制的时代。

该报以简洁明快的形式摘编每日国内外要闻,并刊登分析企业界动向的综合消息。在商业和金融方面的报道比其他任何一家报纸都详细、透彻,被认为有"推动市场"的效果。其新闻导语简洁,许多新闻院校的写作课以此为蓝本,即所谓的"《华尔街日报》日报风格"。到 2018 年共获 37 个普利策奖。

1.2.1.2.3　彭博社

1981 年,迈克尔·布隆伯格用他从所罗门公司得到的遣散费 1000 万美元创建了彭博社前身的一个公司,并开发出彭博终端机。1982 年,美林证券成为他的大客户,在纽约成立了"彭博资讯公司"。此后 10 年公司以 40% 的年增长率高速成长。1990 年开办彭博新闻社。2004 年,彭博公司的金融数据市场销售收入超过英国已有 150 年历史的路透集团。

彭博新闻社是一家全球商业、金融信息和财

经资讯的领先提供商,注意高端市场,走精细化路线,提供全新视角的世界金融新闻和信息。目前属下有彭博专业公司、彭博新闻社、彭博电视台、杂志、网络等众多资讯提供部门,是全球性的信息服务、新闻和传媒集团公司。在全球 72 个国家和地区设媒体办事处,有 1.3 万名员工。"彭博终端机"提供详尽的金融数据信息,吸引大客户,年费为 2 万美元,提供专业而高端的产品和高品质服务,全球 31.5 万余名用户每年为彭博贡献 79 亿美元的丰厚利润。

迈克尔·布隆伯格从 2002 年起曾连任三届纽约市市长,2014 年 9 月布隆伯格再度执掌他一手创办的彭博公司。

1.2.2 英国

18 世纪出版业的蓬勃发展同启蒙运动及哲学精神的发展有着直接而复杂的联系。这一时期是各种报纸、期刊的第一次飞跃发展时期,也是读报成为欧洲人的习惯的时期。

在历史上,英国政治对新闻业的控制堪称典型。英国的新闻传播事业摆脱政治的控制,有前后 300 年左右的时间。1861 年随着最后一项知识税被废除,英国限制新闻出版的法律终于消失,

新闻出版自由得以最终确立。

英国报纸有"高级报纸"与"大众报纸"的分野。高级报纸为对开大报,以国内外新闻报道和评论为主,版面严谨,文风庄重。大众报纸为四开小报,内容易读有趣,注重人情味和轰动效应。大量使用图片、漫画和标新立异的版面编排是其特点。

进入 19 世纪后,报业兼并越来越集中,报刊总销量上升,但种数下降,出现了"一城一报"的情况。报业在"二战"后初期曾出现繁荣。1954 年日报销量 2900 万份;1962 年日报 130 种,发行2050 万份,千人拥有报纸 575 份,位于世界前列。到 60 年代中期开始衰退。

1.2.2.1 《泰晤士报》

1785 年 1 月 1 日创办,原名《每日环球记录报》,1788 年启用现名。由约翰·沃尔特借助财政部的一笔贷款而创办。他的办报纲领是:"这份报纸既不会局限于哪一个特定的社会阶级中,也不会固定地为哪一个政党服务。"该报刊载大量轰动性事件,对法国大革命的报道使它在 1792 年发行量达 4000 份。

1803 年,沃尔特次子小沃尔牛津大学毕业,接手报纸。他的办报方针是：独立经营、忠实记录、延揽人才。他在经营上区分了报纸管理人和主编。他先后启用了英国报业史上两位非常杰出的主编"粗野的巴恩斯"和"纨绔子弟德莱恩"。前者于1817年启用，主持笔政24年，使《泰晤士报》成为"英国第一大报"；后者于1841年启用，主持笔政36年，使《泰晤士报》成为"世界第一大报"。他不惜代价追求时效，建立全国性通讯员和记者网，最先设立驻外通讯员，抢先报道1815年拿破仑滑铁卢战败。他开辟读者来信专栏。他负责选题和把关，独立倾向明显。1834年他拒绝了政府提供独家信息的建议。他赞助德国人科尼格发明新式印刷机，并在1814年使用。

该报1815年销量是5000份，1850年达5万份，超过伦敦所有早报之和。它在克里米亚战争中有出色报道，是自由批评的典范，是世界上第一家有记者参与报道战争的报纸。

在历史上，《泰晤士报》是一家扎实、严肃的报纸，是19世纪英国最大的、最具权威性的报纸。1851年法国的拿破仑三世试图收买它，但惨遭失败。林肯说："伦敦泰晤士报是世界上最强大的力量之一，而事实上，除了密西西比河以外，我也不知道有什么力量能比它更大。"

该报在沃尔特家族传承四代后,1906 年转入北岩爵士手中,1922 年转入阿斯特家族,1966 年转入加拿大报人汤姆森爵士手中,1981 年为默多克所有,2004 年 11 月改为小报。到 2017 年有 43 万订阅用户,其中数字版订阅用户是 18.5 万。

1.2.2.2 《金融时报》

1888 年 James Sheridan 及其兄弟创办《金融时报》(原名是《伦敦金融指南》)。他的办报宗旨是:无所畏惧,更无偏惠。1893 年,时任老板的道格拉斯·麦克雷改用粉红色纸印刷,这成为《金融时报》一贯的特色。20 世纪初,《金融时报》与《金融新闻》两报并驾齐驱,在发行量、利润、声誉上旗鼓相当。

"一战"时,《金融时报》坚持客观冷静的报道,可靠翔实。"二战"后,1945 年,卡姆罗斯勋爵将《金融时报》出让给创办于 1884 年的《金融新闻》。由于前者名气大,合并后的新报以《金融时报》的名字出现。1957 年,《金融时报》被皮尔森集团收购。1961 年,发行量为 13.2 万,是全国性的大报。被誉为"20 世纪最杰出的主编之一"的戈登·牛顿不断扩大报道面,加强国际报道,加强记者专业队伍,在他退休时的 1972 年,发行量达 19

万。弗雷迪·费尔希将编辑方针提高到一个更高层次,他出色的运作,使报纸具有国际性和专业性。1979 年开始发行欧洲和北美的海外版。80 年代该报高速发展,成为具有国际影响力的全球化报纸。1986 年突破 25 万份。1987 年,《金融时报》开始每天发布世界股票指数。

该报主要报道金融、财政、工商业消息和与经济有关的国内外政治动向。政治上倾向保守,是伦敦金融界的喉舌。在订户方面"重质不重量",主要追求订户的"权威性"。销量虽不算大,但几乎全世界的大企业都订这家报纸。特点之一是信息快、信息量大,图表多。其创立的伦敦股市金融时报 100 指数闻名全球。

《金融时报》2000 年的利润达 8100 万英镑,2002 年始出现亏损。约 2006 年左右发行量达 44 万份,2/3 来自海外。2015 年,该报以 8.44 亿英镑被日本的日经新闻收购。2018 年《金融时报》获得英国最高新闻奖——年度最佳报纸大奖。

1.2.2.3 《卫报》

《卫报》是英国一份由地方发展起来的全国性大报,以严肃、可信、独立著称。

该报 1821 年由约翰·爱德华·泰勒创办于

曼彻斯特，原名《曼彻斯特卫报》。20世纪30年代，创立信托基金的报纸所有制形式，报纸不属于任何家族或者个人。1959年改现名。1964年编辑部迁至伦敦。1976年报社迁至伦敦。

《卫报》敢于创新。1872年，在C. P. 斯科特的编辑方针引领下，《卫报》变得更加激进。他宣言："评论是自由的，而事实却是神圣的……反对者的声音和朋友的一样有被听到的权力。"他编辑该报57年，将其从一份地方报纸发展为一份全国性的报纸。20世纪80年代末聘请平面设计大师对报纸进行全新设计。90年代率先把副刊小报化，且全彩色印刷。2011年获英国新闻奖"年度最佳报纸"荣誉，发行量达230541份，网络浏览量是全英第二。

《卫报》注重国际新闻的报道，并拥有自己的"独立"立场，以评论和分析性的专题文章见长，读者主要是政界人士、白领和知识分子，是世界范围内有影响力的主流大报。

《卫报》办报成功，但商业上并非理想，2005年发行量为32.5万份。2006年实行"网络优先"策略，由其信托基金会提供资助。

1.2.2.4 《经济学人》

《经济学人》是英国一本有全球影响力的杂

志。1843 年由詹姆斯·威尔逊创刊,最初为经济周刊。

该杂志在 20 世纪中期做了调整,除了经济新闻和文章,兼载国内外政治时事的评论和报道。其发行量 1970 年不到 10 万份,2007 年 140 万份。2008 年在美发行达 80 万份,2013 年为 162.4 万份(印刷版突破 150 万份,数字版达到 12.3 万份),税前利润保持着每年近 9％的涨幅。

1986 年,该杂志发明巨无霸指数通过比较巨无霸在麦当劳各国的快餐店销售的价格来比较国与国之间的购买力。

《经济学人》有一套独特的风格。采编队伍少而精,采取"集体协作采编"制度。它还是一个智库型的组织,提供高端内容产品,读者定位为政界、经济界高收入、高学历人群,富有独立见解和批判精神的社会精英。报道重点由发达国家转向发展中国家,经常刊发独家的深度报道。

2012 年 1 月 28 日开始,英国《经济学人》杂志开辟了新的中国专栏。

1.2.2.5 路透社

路透社是英国最早的通讯社,世界上创办最早的通讯社之一,也是西方四大通讯社之一。

1851 年由出身德国的犹太人保罗·朱利斯·路透创办于伦敦。创办之前路透用信鸽在德国与比利时的布鲁塞尔之间传递股价信息。电报线路通行后由电报传送信息。1851 年,路透与伦敦证券交易所签下提供欧洲大陆股市行情的合约,换得获取英国股市资讯的权利。路透社初期的业务是把欧洲大陆传来的金融消息汇编成手抄的"路透社快讯",向银行、交易所、公司、股票商出售,利用海底电缆提供股市行情服务。

路透社的报界业务直到 1858 年以后才有起色。最初只有《广告晨报》及其他几家报纸答应免费使用其快讯。由于它提供的报道迅速及时、准确廉价,各报陆续与其签定业务,包括《泰晤士报》在内。1859 年它抢先报道法国皇帝拿破仑三世的演说词,这成为壮大路透社声誉的第一炮。美国南北战争期间它抢先发布战况消息。1865 年它比欧洲媒体提前两天报道了林肯遇刺的消息。透路社在"快"上领先,动足脑筋,这使得路透社声誉大振。

19 世纪六七十年代,路透社开辟中近东和远东的通讯市场。清同治十一年(1872)路透社成为第一个进入中国的外国通讯社。一段时期内,路透社几乎操纵了中国的舆论命脉。

路透社以商业电讯稿始,后来发展成为全球闻名的集新闻资讯、财经服务和投资管理于一体的传媒集团。2008 年 4 月,加拿大汤姆森公司与路透集团合并组成了商务和专业智能信息提供商——汤森路透集团。

2　广播、电视媒介

弥散性和渗透性是现代传播技术的重要特征。20世纪新闻传播业最突出的变化是电子媒介的勃兴。电子传播是人类传播史上的第四次革命。新闻传播领域的电子媒介是指广播、电视、互联网新媒体,而广义的电子媒介还包括所有以电子技术为基础的传播媒介,如电报、电话、电影等。

电报以光的速度传递信息,其传播速度之快远远超过以往任何信息传递形式,使新闻传播的含义发生了变化。电报技术引导了电话的发明,以交换台为基础用电线网络相互联结的做法,为互联网奠定了思路。

电子技术从有线到无线经历了一个过程,声电也需要转换。1920年美国匹兹堡西屋电器公司的 KDKA 试验广播,开始了广播事业。

广播诉诸人的听觉。与报纸和广播只能描述事实不同,电视能展现事实。电视结合声音和动态的画面,带来新的新闻传播革命。1929 年英国广播公司最早在英国进行电视试播,1936 年正式开播,从此开启了电视事业。

2.1 广播、电视媒介的发展史

美国的电子媒介最发达。在历史学家理查德·约翰看来,19 世纪中,美国发生过两次通信革命。"第一次以 19 世纪 20 年代美国国家邮政网络的建立为顶峰,第二次始于 19 世纪 40 年代,以铁路网络的扩展和电报的商业化为标志,以 20 世纪头 10 年覆盖全国的电话网络建成为顶峰。"

2.1.1 邮政

1828 年,美国建成了当时世界上最大的邮政网络。当时将各种知识传播到美国的所有地方,邮政是最佳途径。报纸也主要靠邮政投递。"邮政就是交流信息的地方,邮政局长对传播信息有着天然的业务敏感。在欧洲大陆,早期报纸是由邮政局长出版的。美洲各殖民地到 1692 年开办官方的邮政服务,同一年,英国政府授权建立了一个跨殖民地的邮政服务系统。"1704 年,被英王任命为波士顿邮政局长的约翰·坎贝尔创办了美国第一张连续出版的报纸《波士顿新闻

信》。该报共 1 页,提供殖民地内外新闻。《波士顿新闻信》在新闻史上的意义在于它是美国新闻业的"一粒种子"。

2.1.2 电报

电报诞生于 19 世纪中叶。1844 年,美国人莫尔斯发明的由点和横组成代码的信号电报在美国试验成功。

电报发明之前,美国各个州没有统一的时间制度。在横亘东西的铁路贯通之后,商业发展和人口流动加剧,时间的混乱成为困扰美国人的一个问题。但电报可以迅速准确地调整各地的时间,为统一时间提供了必要的技术支持。电报还调整了各地的商品价格差,使大宗商品的交易也成为可能,这可以说是时间战胜了空间。《纽约时报》1858 年称:"'在人类征服物质世界的一连串重大发明中,电报无疑是最重要的',这种新的电学技术不仅进一步增强了人类征服自然的能力,而且实际上使人类能够深入自然。"电报开启了一切物质形式中的重要潜力。

电报的发明使得信息的传播变得更快捷、更遥远,并且涉及更广泛的群体。1830 年,一个伦敦商人从印度写信回家,信件要绕过好望角,经过

5—8 个月,到达收信人手中。1850 年之后,同样的信件通过火车、蒸气轮船和骆驼,途经亚历山大港、开罗和苏伊士运河,约需 30—45 天到达收信人手中。1870 年之后,一封电报通过海底电缆只要 5 个小时就能送达目的地。1865 年《电报祝圣辞》称颂道:

> 乘风破浪、振翅高飞的上帝,唯有你,凭借这比闪电还快的金属设备的神功,创造了奇迹;你使这里的人了解远方所发生的事,也让别处的人知晓这边的事;你准许我们学习掌握这些新发明;在你的庇护下,我们能够更迅速、更容易地到达您的福地……

1912 年 4 月 14 日,泰坦尼克号撞上冰山的危急时刻,一个叫萨尔诺夫的发报员连续发报,一度是泰坦尼克号与北美之间的唯一联系。船上发出的求救电报被美联社捕捉到,美联社随即发出了这艘豪华轮船在首航途中撞上冰山的消息。《纽约时报》在 4 月 15 日凌晨 1 时 20 分收到来自美联社的新闻简报。时报的编辑范安达得知从收到第一个求救信号起半小时后,就没有收到来自

泰坦尼克号的无线电报,判断泰坦尼克号已经沉没了。船沉没的星期一早上,《纽约时报》整版详细地报道了沉船事故。

可以说,电报改变了新闻传播的多个方面。

2.1.2.1　通讯社的诞生

电报作为信息传播模式中的巨大变革,有着与交通运输相分离的特点。正如美国学者凯瑞所说"在电报之前,'communication'被用来描写运输,还用于为简单的原因而进行的讯息传送,当时讯息的运动依仗双足、马背或铁轨运载。电报终结了这种同一性,它使符号独立于运输工具而运动,而且比运输的速度还要快。"电报的出现,以独立符号的形式,带来了物质运输和信息传送的分离,即传播(communication)与传输(transportation)的分离,具有很大的意义。

对快速传送新闻促进最大的是电报。电报发明之后,应用于新闻传递中,并改变了新闻业。电报的使用激发了大小报社相互合作采集新闻的做法,以分摊成本。因此组织一个大规模的新闻通讯社,为各地的报刊提供服务就水到渠成了。1849 年 11 月,纽约的《太阳报》《先驱报》《论坛报》等六家报纸达成协议,组成"港口新闻社"。

1851年,它改名为"美联社"。美联社不仅给社中成员供稿,还向外地报纸等出售新闻,它是美国现代报业的先驱。

通讯社的创办,给新闻业带来了变化。在美联社运作之前,重视事实的新闻报道被报纸所提倡,通讯社继续遵守着具备独立品格的新闻客观性原则。通讯社产生后,注重事实并用简洁文字表现事实的新闻成为受欢迎的商品。电报的语言精心简洁,重视交代事情而不注重修饰,不再有铺陈的细节和分析。简练的文笔和精减的篇幅使得新闻形式有了因电报技术而带来的创新。

2.1.2.2 倒金字塔结构

美国南北战争期间,战时突发新闻的发布时间很紧急,而电报的信号又不稳定,这导致了新闻写作方式的改变。记者们需要在较短的时间内把重要的事情讲完,省去冗长的修饰和见解,所以要求文字简洁。这种情况下记者要力争把重要的新闻要素凝聚在第一段,导语由此形成进而逐渐形成了新闻写作的新形式——"倒金字塔结构"。其特点是:

把最重要的写在前面,下面各个事实按其重要性程度依次写下去,越是重要的写在越前面,这

样"头重脚轻",故称"倒金字塔";一段只写一个事实;全部陈述事实,记者不发议论;其优点是快。其结构如下图:

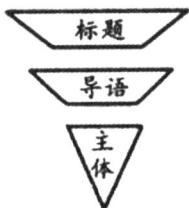

典型的报道如《肯尼迪遇刺丧命》:

【路透社达拉斯 1963 年 11 月 22 日电】肯尼迪总统今天在这里遇到刺客枪击身死。

总统与夫人同乘一辆车中,刺客发三弹,命中总统头部。

总统被紧急送入医院,并经输血,但不久身死。

官方消息,总统下午 1 时逝世。

副总统约翰逊将继任总统。

这个报道层次分明,每段阐述一个事实,用词精当简要,把肯尼迪总统遇刺的重要事实叙述得很清楚。

总之,电报促进了现代媒介技术思想的萌发,现代科学的发展借助电报等力量推动媒介技术脱颖而出。"电报的发明主要解决了长距离即时点对点传播的技术。随后的广播、电视将点对点技术发展到点对面技术,即时的全球大范围传播成为可能,信息供给达到空前丰富。"

2.1.3 广播

从 20 世纪初期到 30 年代,随着声音和图像传递技术的逐步成熟,广播和电视相继问世。

广播像"风的翅膀带来了世界主义",它经历了数次技术革新。在无线广播之前是有线广播,用电话线等传送信息。1877 年在美国有人把音乐从纽约市传送到纽约州的萨拉索塔斯普林斯,在波士顿等地的人也听到了。

1895 年,无线电通信实现。两位无线电之父——俄国物理学家亚历山大·波波夫、意大利发明家卡格列谟·马可尼于 1895 分别进行了无线电传送信号的实验;1896 年无线电负载声波成功。1896 年,波波夫成功地用无线电进行莫尔斯电码的传送,距离为 250 米。1897 年,马可尼在布里斯托尔海峡进行无线电通信取得成功。电波需要转化为声音。雷金纳德·费森登受匹兹堡金

融家资助进行无线电研究。1906 年圣诞夜,他在马萨诸塞州进行简短的实验性广播,这是第一次使用连续电波承载声音。1916 年 11 月 7 日用广播播出了大选结果。尽管新闻事实是不对的,但是用广播播出了重要新闻。

2.1.3.1 第一家无线电声音广播:KDKA

与爱迪生相匹敌的发明家乔治·威斯汀豪斯也是实业家。1869 年成立威斯汀豪斯电气公司,总部设在匹兹堡。费森登、德福雷斯特等都曾是该公司的雇员。弗兰克·康拉德,是威斯汀豪斯电气公司的工程师,无线电爱好者。他 1916 年以来一直在匹兹堡运营着 8XK 的实验电台。1919 年 10 月,应广大爱好者的邀请,他在周三和周日晚上用两个小时播放音乐。当地的一家百货公司通过让人们收听"弗兰克·康拉德博士受欢迎的广播"来推销威斯汀豪斯公司的矿石收音机。"威斯汀豪斯公司料定将会出现一个新的市场,于是申请了第一个全商业性的标准广播执照。"开始时广播事业与收音机销售联系在一起。

1920 年 11 月 2 日,KDKA 开始运营时,每天定时进行广播,播出了当时哈定总统竞选的结果,《匹兹堡邮报》用电话提供选举信息,听众达几千人,节目时长有 18 小时。KDKA 申请到商业营业执照,这一天是广播事业的诞生之日。另外在圣何塞、底特律等都有定时播出的电台开办。这些新闻及节目的播出标志着广播事业的诞生。

无线电广播事业最初与销售收音机分不开,促进事业发展的是通信和电气制造业中的大公司,如美国贝尔创办的电话电报公司、威斯汀豪斯公司和爱迪生创办的通用电气公司。三家各在不同地方建立了电台:威斯汀豪斯在纽约、芝加哥、费城和波士顿设立电台,通用有 WGY 电台,电话电报在纽约建立 WEAF 电台。1919 年,他们联合成立了巨型的美国无线电公司。1922 年,三家公司开始争夺无线电台的控制权,美国电话电报公司相对占优势。这时大卫·萨尔诺夫掌管着美国无线电公司。

大卫·萨尔诺夫,俄裔犹太移民,原马可尼公司报务员。前面提到 1912 年泰坦尼克号事件发生时连续发报 72 小时的就是他。1915 年他就已预见到无线广播大有可为。后来在美国无线电公司的他青云直上,进入管理层。

他试图削弱电话电报公司控制一流电台的局面,筹建了一家可以无限制承办广告业务的美国无线电公司的子公司。1926 年电话电报公司退

出了广播领域,它属下的 WEAF 卖给了美国无线
电公司。同年,美国无线电公司、通用电气公司和
威斯汀豪斯公司合资成立了全国广播公司,于
1926 年 11 月 15 日正式开张。它经营着两个广
播网:以 WEAF 为旗舰的红色网和以 WJZ(它是
威斯汀豪斯公司在纽瓦克市的一家定位类似于先
锋的电台,在 1923 转至美国无线电公司名下,并
搬到了纽约)为首的蓝色网。

截止到 1924 年底,美国有了将近 600 座商业
电台。收音机的数量逐年大幅上升,1921 年是 5
万台,1925 年 400 万台,1929 年 1000 万台,1938
年 2600 万台,1939 年 3100 万台。

新闻自由委员会对广播评价说:"无线电广播
是现代新闻界的一个基本组成部分。……它能够
使千百万公民与领袖人物以及当年事态同时保持
密切的接触,这使它在公共事务管理方面具有范
围广、影响大的特别的重要性。"

2.1.3.2 各国的广播发展历史

英国。1919 年开始进行试验性广播。私人
创立的电台林立,处于混乱状态。1922 年,在邮
政部部长内维尔·张伯伦的强力干涉下,英国广
播公司在伦敦成立,开播节目的目的是推销收音

机。第二年,收音机就销售了 12.5 万台。这个由合资组建的企业属于私人性质。1927 年元旦改组为公共机构,名称也由 company 改为 corporation。英国广播公司不播广告,不受政府控制,经费来自每个台收音机缴纳的执照费。公营台秉承公正客观、不偏不倚、不受市场化商业化因素干扰的宗旨。一家全国性的报纸称颂它"可信赖而又负责任,是国家文化资产的安全保存之处"。

约翰·李思是公司的首任总经理。他工程师出身,1922 年上任,1927—1938 年担任董事长,1927 年受封为爵士。他是苏格兰长老会后裔,作风较为专制,将公司视为国家的教堂,而自己是教堂中的主教。实行等级森严的科层式体制,维护维多利亚式的道德传统。

法国。广播起初是军用的,利用埃菲尔铁塔发射信号。1922 年,邮电部正式成立巴黎广播电台,初衷是刺激收音机的销售。1923 年出台两项矛盾的法律,一方面 6 月制定的《广播法》宣布广播业为国家专有,一方面 12 月份的一项法规又强调为了促进电子产业繁荣,允许私人广播的存在。1933 年建立国营广播网时,确立公用事业收费制度。同时,邮电部以法律特许形式允许某些私营台存在。

德国。1923 年开始发放公共广播许可证。1925 年后组建了德国电波电台,负责全国教育广播节目以及对外广播节目。邮政部负责开发技术和监督管理,对接收台按月征税,因此没有广告,不迎合听众。1937 年,德国有 850 万台收音机,1939 年是 1020 万台,位居世界第二位。政府对广播的操纵为希特勒准备了工具。

美国。美国有三大广播公司,分别是全国广播公司、哥伦比亚广播公司和美国广播公司。

(1)全国广播公司。前面说到,美国无线电公司是 1919 年由美国电话电报公司、威斯汀豪斯公司、通用电气公司联合组成。1926 年,以美国无线电公司为核心,组建了全国广播公司,领导人是萨尔诺夫。1928 年,全国广播公司第一个领到实验电视广播执照。1930 年开始试验广播,后来成为美国无线电公司独家经营的广播电台。1930 年,萨尔诺夫出任美国无线电公司总经理,1934 年,成为董事长。二战期间,萨尔诺夫是艾森豪威尔参谋部新闻顾问,负责盟军在欧洲的广播,获得准将军衔。1939 年,纽约召开世界博览会,全国广播公司转播罗斯福总统主持开幕式的实况。

(2)哥伦比亚广播公司,曾属于洛克菲勒财团。1927 年成立于费城。1928 年俄裔犹太移民商人威廉·佩利说服作为美国烟草公司老板的父亲以 25 万美元买下,27 岁的佩利出任总经理。哥伦比亚广播公司转向纽约发展,1929 年改名为现名。它的发展采取两大战略:一是其附属台可以免费转播节目。作为交换,它要求在附属台的广告中获得一定比例,这使之有了更多附属台和资金。到 1934 年哥伦比亚广播公司已有 94 座附属台,还吸引来了原本属于全国广播公司的附属台。二是以新闻立台。1948 年哥伦比亚广播公司创办了第一个定期的电视新闻节目,并逐渐被其他电视台仿效。

(3)美国广播公司。全国广播公司原来有红网和蓝网。红网有 26 座附属台,蓝网只有 6 座。1942 年,美国最高法院根据反托拉斯法,责令全国广播公司出售两个广播网中的一个。1943 年,蓝网转让给糖业巨头、百万富翁爱德华·诺布尔。1945 年,更名为美国广播公司。

美国的广播体制是以商业化为主的。而以英国为代表的公共广播体制,与商业化不同。"首先,作为一项公共事业,广播应一视同仁地面向所有公民,在全国性的文化及其产品中尽量提供多样而统一的节目;其次,这种公共事业应通过一个简化的公共捐助系统而获得资助,并担负责任,以

使广播从业人员同政府、政党、商家或公司等权势集团的受托利益相隔绝;最后,公共广播系统所提供的服务应属优质,应满足现代文化中所有群体的需要而不论其权力、地位或影响。"英国广播公司属于公共机构。

电视兴起后,电台并没有如宣告的那样死亡。美国的全国性广播电台的时段销售 1935 年为 4000 万美元,1948 年为 1.33 亿美元。1960 年跌至 3500 万美元,但之后逐年增长。电台采取"音乐、新闻+体育"的策略显示了成功。

1960 年,调频台成为美国广播电视业中发展最快的。1960 年其收音机销量已达 200 万台,到 1968 年更是增长到 2100 万台。20 世纪 70 年代,收音机基本是调幅和调频两用的。

2.1.3.3 联邦通讯委员会

美国到 1927 年有 733 座电台。为了防止电波使用混乱,1927 年美国国会通过《无线电法》,政府据此成立管理无线电通讯的机构"联邦无线电委员会",由总统提名的五名成员组成,专门分配电台频率和审批营业执照。

1934 年,国会通过《通讯法》,"联邦无线电委员会"改组为"联邦通讯委员会",由 7 人组成。主要的管制方法是审批办台申请、更新营业执照、对违禁者给予警告或处罚。1941年,联邦通讯委员会开始颁发商业电视广播执照。

2.2 西方各国广播电视媒体现状

2.2.1 电视

广播诉诸人的听觉,电视在广播的基础上结合了动态画面的视觉技术,更突出视觉感。它有两大特点:一是即时性,即能在事件发生的第一时间就将其传播,电视摄像机能给人一种"你正在场"的感受;二是它的视觉维度迎合了人们对于图像的喜好。广播和报纸只能描述事实,电视却能展示事实。

电视发展至今已有大半个世纪。1936年英国广播公司正式开播电视,但到1959年,电视尚处于襁褓期。1962年,美国第一颗通信卫星"电星一号"升空,预示着电视新闻的时代开始。1963年,人们依靠电视了解的新闻比通过报纸了解的要多。1963年11月肯尼迪遇刺时,平均每10个人中有9个人是从电视上得知消息的。1986年,66%的美国人以电视为主要新闻源。从20世纪的70年代到21世纪初是电视的黄金时期,它成为人们获取新闻和消闲娱乐的主要渠道。

2.2.1.1 美国

全国广播公司。它1931年试播电视,1939年正式播出,以转播罗斯福总统在纽约世界博览会上的讲话作为开始。1954年第一个全部播出彩色电视节目。全国广播公司的节目以新闻和娱乐为主。20世纪50年代其收视率上升到电视新闻业的前列。《会见新闻界》创办于1947年,是最早也是存在时间最长的关于公共事务报道的访谈型新闻节目。1952年开播的《今日》,推出精心编辑的即时报道以及历史性时刻的直播报道。每天播出三小时,是美国收视率最高的早间新闻节目。1954年开播了《今晚》节目,大受欢迎的布林克利曾主持这个节目。娱乐节目如拳击赛、棒球赛、音乐剧、时装表演等,播出这些节目在电视界是第一次。1956年开始的《亨特利·布林克利》节目赢得数百万观众,收视赶上了哥伦比亚广播公司,直到1970年。1964年,布林克利说:"我说是新闻就是新闻。按照我的标准值得了解的事就是新闻。"他开始了主持人"明星化"的时代。布林克利退休后,约翰·钱塞勒成为唯一的当红主播。他是最有思想和最为认真的广播电视工作者之一。他1970年担任主持人,直到80年代。《日界线》

1992 年开播,是对突发事件进行报道的一小时杂志型新闻节目,理念是"对一切受到社会关注的热点人物和热点事件进行深入报道"。

美国广播公司。1948 年,美国广播公司播出了第一个电视节目。1954 年取得迪士尼乐园的米老鼠俱乐部的播出权,创造了很高的收视率,成为公司发展的转折点。1966 年该公司开始播出彩色电视节目。1975 年《早安,美国》开播,是新闻与娱乐节目混合的早间节目,成为《今日》强大的竞争者。1977 年,美国广播公司播出 12 集电视剧《根》,创造了美国电视史上的最高收视率。《20/20》于 1978 年开播,报道题材广泛,涉及国内国际时政、社会问题等等,节目类型与哥伦比亚广播公司的《60 分钟》相似。90 年代之后,该公司《晚间新闻》节目居美国三大电视网之首。著名的节目主持人如新闻主播弗兰克·雷诺兹、彼得·强宁斯,人物专访的巴巴拉·沃尔特斯等。

它有 220 座附属台,迪士尼公司拥有美国广播公司最大股份。截至 2008 年,美国广播公司是美国观众最多的电视网。

哥伦比亚广播公司。1941 年正式播出电视。1965 年播出彩色电视。哥伦比亚广播公司曾从全国广播公司挖走明星记者和演职人员,使办台

水准提高。从 20 世纪 50 年代中期及此后的 20 年,哥伦比亚广播公司居于美国三大电视网的首位。1987 年在纽约等经营有五座电视台,该公司电视系统内有电视台 200 多座。1995 年,威斯汀豪斯公司以 54 亿美元兼并了哥伦比亚广播公司。1996 年,该公司的收视率占全美家庭的 31.53%,排名第一。2000 年 5 月播出的生态挑战节目《幸存者》更是取得了巨大的成功。1999 年 9 月 7 日,美国维亚康姆公司兼并了哥伦比亚广播公司。

哥伦比亚广播公司拥有众多王牌主持人和收视率高的节目。如 20 世纪 50 年代的《现在请看》。爱德华·默罗的声望及其在《现在请看》中的精彩报道,开创了电视的新闻时代。《面对面》是人物专访节目。六年中,默罗采访了 93 位名人,包括杜鲁门、麦克阿瑟、赫鲁晓夫、梦露等。开播于 1968 年的著名节目《60 分钟》,其主持人沃尔特·克朗凯特在 60 年代成为其公司新闻部的领军人物,70 年代他比美国总统更具公信力。其他如脱口秀节目《The Oprah Winfrey Show》、竞赛类节目《谁将成为百万富翁》、选秀类节目《美国偶像》、生存挑战类节目《幸存者》等,都是收视率极高的品牌节目,成为其他公司竞相模仿的对象。

美国有线新闻电视网。1980 年 6 月由特德·

特纳创办,总部设在亚特兰大。1985年,有线电视新闻网才在电视新闻角逐中脱颖而出,1990年海湾战争是其转折点。在美国其他机构不知情的情况下,其因率先报道伊拉克入侵科威特而声誉大振,收视率激增,在欧洲的收视率从战前的15%飙升至85%。它所追求的目标是:"无论世界任何地方发生什么事,它都让人感到远在天边,近在眼前。"对世界上举世瞩目的突发事件抢发独家新闻,进行及时、详尽的现场报道,是有线电视新闻网的一大特点。它开创了24小时滚动新闻播报、现场直播等方式。

开播于1985年的《拉里·金现场》,是其收视率最高的节目之一。这个谈话节目的访谈对象是明星和政客。《交火》节目由两位政治立场相反的主持人或嘉宾针对国家社会中影响大的新闻事件进行激烈的争辩,别具特色,备受瞩目。

1995年,特纳将包括有线电视新闻网在内的庞大广播电视帝国以75亿美元卖给时代华纳。有线电视新闻网的主要收入来自非黄金时段的节目和服务,包括国际频道、网站、机场电视网等,得益于收入的多元化。近十年来有线电视新闻网每年的收入都在创下新高。2013年,在美国最有影响力的在线媒体排名中,有线电视新闻网网站访

问量以每月 7400 万人次排名第二,仅次于每月 1.1 亿人次的雅虎新闻。

随着网络视频和移动应用的增长,美国的电视受众趋于高龄化。有调查显示,16—24 岁的青少年呈现与成年人迥然不同的收视习惯。他们每年看电视的时间加在一起,仅为 27 小时;而 24 岁以上的成年人平均每年看电视的时间达到 115 小时。据皮尤研究中心 2018 年 9 月发布的一份报告显示,大多数喜爱观看新闻的美国成年人依然会选择电视为他们的首选新闻平台。总体上,新闻越来越依赖于网络,电视新闻的收视率却在下降。大部分新闻杂志节目的收视率持续下滑。

2.2.1.2 英国

英国是世界电视业发源地。英国广播公司于 1936 年 11 月 2 日在伦敦亚历山大宫开播电视。1955 年独立电视台的开播使电视步入多元时代,不再由英国广播公司一统天下。1956—1959 年是英国电视史上的"革命时期",电视业发展很迅速。1964 年,BBC2 开播。1967 年开播彩色电视节目。

在体制上,英国的电视频道包括公营电视台和商业电视台。全国性的开路频道主要有公营的英国广播公司各频道,以及商业性的第三频道、第四频道、第五频道。这些频道属于"必须播出"频道,英国各运营平台必须转播其节目信号。一般认为,从英国广播公司创建伊始一直到 1990 年《广播法案》通过之前,英国的广播体制当中虽然引进了商业运作的模式,但是它的主干还是一种由政府介入控制和管理的公共事业广播的模式,国家以这种方式干预和管理广播事业被广泛接受。

英国广播公司。英国广播公司于 1936 年创建的第一座电视台。1953 年 6 月,其电视转播英国女王伊丽莎白二世在威斯敏斯特举行的加冕仪式,促使电视机的销量大增,56% 的英国民众观看了加冕盛典。英国广播公司把"客观、公正"作为报道的总方针,并以新闻报道的客观、公正赢得了世人对它的尊敬。其收入来源主要是每年收取的执照费、部分商业性的收入和政府补贴,极少有广告收入。从 1997 年开始,英国广播公司实施一整套改革计划。主要集中在三方面——实行制播分离,调整新闻节目和向数字化迈进。英国广播公司堪称当今世界上机构最庞大、覆盖面最广、影响最大的一家新闻机构,旗下共有 BBC1、BBC2、BBC3、BBC4 等频道,包括各种专业化细分的频道。在 2007 年开始了首批模拟信号数字化转换。

独立电视台。独立电视台是英国最早的商业电视台，由独立广播电视局负责管理。它是仅次于英国广播公司的最大综合电视台。早期包括第三频道、第四频道和第五频道，由 15 个运营商组成。到 2014 年有 7 个频道。1998 年，独立电视台开播了风靡世界的问答节目《百万富翁》。2007 年播出《英国达人秀》节目。独立电视台以娱乐体育和电视剧为主，制作播出过《唐顿庄园》《白教堂血案》等。目前独立电视旗下包括 4 个频道；独立电视女性台，是数码频道，播放女性节目；播放电视剧的数码频道等等。

卫星电视。鲁伯特·默多克的新闻集团于 1983 年成立天空频道，但开始经营得并不成功。1988 年默多克创立天空电视台，与实力雄厚的英国卫星广播公司激烈竞争。财务的压力使天空电视台与英国卫星广播公司合并，成立英国空中广播公司，成为英国最大的卫星电视运营商，办有 15 个频道，包括 1989 年成立的英国空中电视新闻台。1998 年，英国空中广播公司开始数字电视服务，成为英国最大的数字订阅电视公司，2006 年推出高清电视频道。

2014 年英国空中广播公司更名为 Sky plc，从电视公司向多媒体内容公司转变，成为欧洲地区的付费电视巨头。2018 年其拥有近 2300 万家庭用户,服务覆盖 1.2 亿人次,总收入达 10.34 亿美元,公司市值约 310 亿美元。

总体上,目前英国有 400 多个电视频道。但在社交媒体、流媒体的影响下,观众收看电视的总时长逐年下降。从 2016 年到 2017 年下降了 4.2%,降至 3 小时 22 分,主要是因为年轻观众不再看传统电视。

3　网络与新媒体

从 20 世纪 60 年代末,互联网在美国诞生,到 90 年代在世界范围内迅速普及,再到近 3 至 5 年来,移动互联网、云计算、大数据、人工智能、物联网等层出不穷的新技术。网络技术经历了从 Web1.0 到 Web2.0,再到 WebX 的迭代。网络技术对传统的大众媒体冲击很大。从早先的 BBS,到门户网站、搜索引擎,再到社交媒体、平台媒体等,新技术全方位改变了新闻业。

互联网兴起,首先推动了媒体平台的蜕变。在网络技术与人相互融合的今天,以往的报纸、广播和电视成了传统媒体,人成了与技术互嵌、为数据所浸润的"赛博人"。在新媒体技术的驱动下,新闻不再是大众传媒时代你传我受的单向传播,而成为随时随地接触互动的新体验。

3.1 网络技术的发展

3.1.1 从 PC 互联网到移动互联网

互联网的前身"阿帕"最大的特点就是无中心,当多个节点被摧毁的情况发生时,信息仍能通过剩余的节点进行流动。阿帕体现了计算机产业和通信媒体的融合趋势。1971 年电子邮件程序被编写出来,用"@"连接邮件中的用户名和地址。电子邮件改变了人们信息沟通的方式。IP(国际协议)和 TCP(传输控制协议),两个通信协议使不同网络实现互联互通。1989 年英国的蒂姆·伯纳斯·李等提出一种新的协议。通过超文本链接技术,网页之间可以实现方便的跳转,从而形成一个巨大的虚拟超文本网络。万维网成为信息组织的新方式,是互联网应用取得爆炸性突破的关键条件。互联网实现了全世界的信息共享。

随着移动终端的普及,移动网络技术和应用服务的发展在原有的 PC 端基础上进行改良创新,移动应用变得多样化。"移动互联,实现了接入互联网方式的创新,加强了与人的互联,提高了网络的服务性,帮助用户建立了一种'永远在线'的新生活方式。"人们接受信息的方式突破了时间

与空间的限制,促成了新的变革,缔结了信息与人的新的互动关系。

3.1.2　互联网媒体的应用与演化

网络媒体的应用使互联网嵌入人类生活中,改变了信息传递的速度与方式,革命性地影响了新闻传播。技术演变是导致应用变化的内在原因。

3.1.2.1　从 Web1.0 到 Web2.0

互联网的本质是联接和开放。Web1.0 是指单纯通过网络浏览器浏览网页的模式。Web1.0 时代将人与信息通过互联网平台连接起来,越来越多的人从网络上获取信息。从 Web1.0 时期开始,以互联网作为媒介的新传播形态开始兴起。该时期对新闻影响甚远的应用是搜索引擎。搜索引擎是为用户提供检索服务的系统,它的出现改变了人们获取信息的方式。人们不再被动地阅读或收听报纸、电台经"把关人"筛选后呈现的信息,而是可以主动地搜寻信息。

牛津大学路透新闻研究所发布的《数据新闻报告 2017》显示,世界范围内有 65% 的用户愿意通过"非直接"的途径获取新闻,其中排名第一的是搜索引擎(25%)。"搜索引擎的社会意义在于,其在少量的信息环境下重新定义了真相,通过主动反馈用搜索结果进行了'有文化依据的组织形式重构'。"

2004 年第一次出现了"Web2.0"概念,其特征是用户参与和分享。它是以互联网为跨设备的平台,通过软件不断更新,个人用户群体贡献自己的数据和服务,同时允许他人聚合,达到用户越多服务越好的目的。Web2.0 时代的互联网是一个人人可以参与的平台,创造出了新的网络体验,其应用如博客、微博、维基百科等等。2005 年,Facebook 风靡全美国的大学;2006 年,Twitter 成立。社交媒体是人们获取新闻的第二大来源。2016年,美国有 73 种社交媒体。Facebook、Apple、Twitter、google、Intergram、Snapchat(阅后即焚)等,它们主导了数字广告,使报纸的广告商业模式受到挑战。

3.1.2.2　Web X

《硅谷百年史》的作者皮埃罗·斯加鲁非认为,未来媒体的发展趋势包括用户体验技术、大数据、新内容时代、流媒体、虚拟现实(VR)和增强现实(AR)、新平台、人工智能与机器人写作,等等。过去由传统媒体主导的传播生态将转变为多元主体竞合的新传播生态。在新技术驱动下"万物皆

媒",即皆可通过连接改变关系。这种格局下,传统媒体进行深度数字化转型。

新型新闻媒体崛起,如平台型媒体(Platisher)。"Platisher"的概念 2014 年由美国的乔纳森·格里克提出。它是"平台"(Platform)和"媒体"(Publisher)的叠加,是互联网科技平台和媒体的结合,由作者、编辑为技术平台生产内容。Facebook 在 2015 年推出"即时新闻",旨在通过与新闻媒体机构的合作,让用户在该平台上直接浏览新闻而不用链接到新闻媒体;新闻媒体通过创立或开放平台改变其内容生产发布体验的方式;另外如网络原生媒体,《赫芬顿邮报》、BuzzFeed、ProPublica、Politico 就属此类。新型新闻媒体以聚合式、社交性和个性化的方式向用户推送新闻。

"从 Web1.0 时代的观看,到 Web2.0 时代的参与,再到万物互联,技术的更新迭代通过网络应用嵌入人类生活中,推动了人类社会形态的转变。"新闻传播的格局形态发生了颠覆性改变。

3.2　新媒体

3.2.1　算法导向的平台型媒体

Facebook、Google、Amazon、Yahoo、Twitter 是技术公司而非新闻媒体,但是将新闻业务整合进

了他们的产品链。Facebook 是社交媒体，Google
是搜索引擎，Amazon 是电商平台，它们是不同的
数字平台。"这几家技术公司参与新闻业务的目
的已经远远超越获取利润本身，而是要颠覆整个
行业。"像 Facebook、Google、苹果，以它们的选择
提供新闻，成为新闻领域不可或缺的部分。苹果
基于其手机推出 News，由人工分捡新闻、推荐新
闻。三星与阿克塞尔·施普林格联合推出基于三
星手机的新闻应用 Upday。Facebook 的 Instant
Articles 由媒体自主上传，由算法主导。

平台型媒体自己未必生产新闻，其通常是基
于用户的使用习惯，通过算法来预测用户感兴趣
的信息和话题，并将其推送给用户。它提供连接
人与信息的新型服务，筛选并分发内容，是一种内
容智能分发平台。算法的目的是为了保持用户黏
性，促其点击。

目前，Facebook 是世界上最大的内容发布
商，每月活跃用户量为 18.6 亿，Twitter 为 3.13
亿，Whats App 是 12 亿，"阅后即焚"的日活跃用
户量为 1.6 亿。"对这些大型数据集的匹配使大
公司的定位具有更为精细的颗粒度，数据有助于
平台配置产品和算法来同步适应用户的行为，从
而潜在地增加了广告客户的收入。"

这些技术新贵改变了新闻业,传统新闻业态和话语表达体系被彻底颠覆。"新技术公司通过算法推送成为了新闻'把关人'的'把关人',决定着受众'看什么'、'看多少'。新技术平台成为了实实在在的'新闻编辑',而传统新闻媒体则成为了'记者',仅是众多提供新闻原材料的'爆料人'之一。当前全球有 40 多个影响力较大的社交媒体主导着新闻机构为他们生产新闻,并由他们分发到用户手中,世界新闻史上从来没有哪个新闻发行机构拥有过如此大的新闻消费影响力。"

算法可以被人控制,新媒体改变了认知和关系。哥伦比亚大学 TOW 中心 2017 年的研究报告指出,由于算法可以被人操控,虚假新闻和网络化宣传可以精确地定向传播,接收到信息的社群因为观点不同而分化,人们难以沟通、达成共识,对于事实的判断因而受限。"在 Facebook 上,只要是偏右翼、耸人听闻的报道,都会在算法设置下传播甚广。这也是特朗普竞选团队能在美国大选期间成功地向特定选民散播假新闻的原因。"

3.2.2　网络原生的新媒体

除了上面提到的大型数字公司,平台还包括网络原生的媒体,如《赫芬顿邮报》、BuzzFeed、

ProPublica、Politico、彭博社、连线杂志、《经济学人》等。这些媒体在传统媒体面临经营危机时,经营状况向好。随着新媒体的发展,其经营各有不同,并不稳定。

3.2.2.1 《赫芬顿邮报》

2005 年由阿里安娜·赫芬顿创办。它本来是一个著名的博客自媒体新闻平台,任何人可以在上面无偿写作。博客的撰稿人聚集,讨论事务,逐渐成为公共空间,这成了《赫芬顿邮报》的基础。它成为内容导向的媒体,以高质量的内容取胜。平台有 3000 个左右可信度高的博主,他们的内容可以直接在平台上发布,而不必经过编辑检查。还有几千人进行博客申请,另外有作家、演员、建筑家和政客等对某一议题的讨论。网站的内容涉及面广,涵盖了经济、体育、科技、娱乐等新闻,政治不是主要的。该报总体上质量精湛,是不同内容类型的一站式混合,是一种开放的、用户生产的"众包模式"。2010 年营业额达 3000 万美元。2011年 5 月,当月独立用户访问量首次超过《纽约时报》,接近 3000 万。这家平台型媒体在 6 年时间里以惊人的速度聚拢用户,成为互联网第一大报,被人认为是"6 年战胜了 100 年"。

2011 年《赫芬顿邮报》达到鼎盛，曾有 3000 多投稿者为一个话题写文章。它有两部分编辑，一部分是传统的采编人员，另一部分则编写 Google 关键词的新闻。但它的价值并非出于原创，而是新闻聚合。缺点则正是原创不足，是"数字化沙堡"。2009 年《赫芬顿邮报》斥资 175 万美元来促进其调查性报道，加强其编辑、记者团队。2012 年夺得了原生数字媒体的第一个普利策新闻奖。

在社交媒体成为人们获取新闻的主要途径的现在，该媒体的境况堪忧。2016 年创始人赫芬顿夫人因经营困难而离职，另两个共同创始人在其如日中天时就以 3.15 亿美元转让给美国在线公司。《赫芬顿邮报》现在隶属于 Oath，而之前说赢利的消息被证明是假新闻。2018 年 1 月 18 日，《赫芬顿邮报》宣布终止其开放的博客自媒体撰稿平台的运行，推出两个由编辑主导的封闭的内容产品取而代之。后续如何发展，要看平台运营的思路了。

3.2.2.2 BuzzFeed

2006 年由乔纳·佩雷蒂创建于美国纽约的新闻聚合网站，肯莱勒投资并参与创办 BuzzFeed。它是内容提供商，靠外部平台进行分发。BuzzFeed

是以自己的内容在他人平台上运营的新媒体。它是原生广告的创始者之一。BuzzFeed 十分注重受众细分,在不同的社交平台上为不同受众群体打造了差异化的视频内容,从烹饪教学视频到纪录片,应有尽有。它制作的短片还获得诸多奖项。

2014 年赚取 1 亿美元。据 2016 年皮尤报告,2015 年没有完成财务目标。2017 年收入大幅低于预期。2017 年中期,据其自己的数据,在 10 个内容分销平台上共产生了 136 亿的浏览量,11 月《华尔街日报》报道它计划裁员 8%,同时重组广告部门。其后,它又拆分了新闻和视频两大业务。2019 年 3 月乔纳·佩雷蒂发布了一份战略展望公开信,目标是努力把互联网做得最好的东西最大化,将快乐和真理带给用户、平台和整个世界。BuzzFeed 的后续运营,需拭目以待。

3.2.2.3 ProPublica

ProPublica 是一家非政府的新闻在线网站,2008 年由金西财务公司前任联合首席执行官赫伯特和玛丽翁·桑德勒出资创办,总部在纽约。它最初由 28 人团队组成,专门生产调查性报道。现在为 75 人,包括多位往届普利策奖得主。ProPublica 是原创新闻数字媒体,一个不以营利为目

的的公益性新闻网站,宗旨是为公共服务。网站名的拉丁语意为"为了人民",是致力于公众利益的新闻平台。

ProPublica 在调查报道中应用大数据,内容无所不包,涉及政治、经济、教育、医疗、文化等。选题很犀利,从总统选举中的黑幕到华尔街银行家的贪利,每个选题下面都会有一系列的文章,并随时更新。从 2010 年到 2017 年,已获得 4 次普利策调查报道奖,超过许多传统大报。

ProPublica 创立了全新的众包模式。它集中公众的智慧,共同完成新闻调查计划,新闻制作流程从传统的自上而下的方式变成自下而上的模式。它开放数据,给社会大众自由查询和使用。最大程度分享网站内容信息,直接声称"盗用我们的文章吧!"

ProPublica 的网站设计简洁,以严肃、深度的调查性报道为其吸睛点,在内容驳杂的互联网世界反其道而行之,成为独特的存在。它以用户数、点击率来吸引广告。其背后是桑德勒夫妇每年提供 1000 万美元,连续十年的资金支持。这是高质量调查报道的保证。同时吸纳社会捐助,与大的媒体机构合作以补充资金。

3.2.3　传统媒体的新媒体

这里主要是指传统新闻媒体如何进行新媒体创新。原创和写作是新闻媒体的两个重要方面。但是原生数字媒体、新媒体技术公司依靠技术优势强势入驻到新闻业的版图中，不仅分走了收入、流量和受众，更为关键的是几乎完全改变了游戏规则。新闻的生产、把关与分发，受众的新闻接触与使用习惯，新闻从业者的流动与趋向等，都按照新媒体和技术公司的逻辑重新进行洗牌。

传统媒体不得不面对新媒体带来的新闻业的变革。有线电视新闻网的目标从"世界最好的有线电视公司"转为"全球化、以消费者为中心、数据驱动、内容创新的传播公司"。《纽约时报》的口号从"刊印一切适合刊载的消息"转为"一切都是关于对话"。2013 年开始，《华尔街日报》启动"大数据工程"项目，并将大数据时代、智能化生产和无线网络革命称为引领未来繁荣的三大技术变革。各新闻媒体使用各种新媒体，开设新闻网站、阅读器、各种应用、社交媒体账户等新渠道发布新闻。受众接触使用新媒体平台会留下大量的数据。这些数据所传达的信息就是新闻，数据本身就是新

闻。数据通过算法而产生有价值的信息；更重要的是，数据会生成新的新闻内容。

总之，以上这些媒介因新闻而有不同程度和内容的交叉、交集，它们各具形态，各有特色，在新媒体环境中构成了合作与竞争的关系。

3.3 媒介融合

3.3.1 如何理解"媒介融合"

媒介融合是个复杂的概念，是迄今为止最难把握的概念之一。

"媒介融合"，不只是不同媒介在功能上如何互补，内容生产如何分配和共享。那种以媒介为本位的思考，忽视了媒介外在的互联网社会大环境。媒介不是一种中性载体，以内容和功能为重点的考察需转向生产和消费等环节的思考。即要将媒介机构的内容生产链条往外拉，延伸到社会接收或者消费这一环节，放大到整个产业文化形态。本书所谓的"媒介融合"是指在网络社会的语境下，媒介组织作为其中的一个节点，用新媒体思维进行的媒介革新。罗杰·菲德勒认为融合（汇聚）是指路径的交叉和合并，其结果是引起每一个融合实体的变革，并创造新的实体。

3.3.2 不同媒体的融合

最早通过互联网传递新闻的报纸是美国的《圣何塞信使新闻报》,1992 年创办第一份电子网络版报纸。1995 年 12 月,微软与全国广播公司合作,通过互联网连续 24 小时播出有线电视频道的节目。1996 年,论坛公司创办娱乐性网站 MetroMix,获得成功。后来其根据用户特点创办《红眼报》,很受年经人喜欢,娱乐版就叫"MetroMix 新闻"。《奥兰多前哨报》与时代华纳有线电视合作开设了一个 24 小时本地新闻频道,并组建了一支多媒体编辑队伍。

媒介融合真正实现组织融合的案例是 2003 年 3 月,美国佛罗里达州坦帕市的三个媒体——《坦帕论坛报》、WFLA-TV 电视台和 TMO. com 网站一起在一座新的新闻中心办公,组建成"坦帕新闻中心",本来属于各自媒体的采编人员一起工作,通过三个平台同步发布消息。

20 世纪 90 年代中期,《华尔街日报》《纽约时报》《华盛顿邮报》《洛杉机时报》《卫报》《时代周刊》等著名的报刊都纷纷推出了自己的网站版,每月能够吸引来数十万网络读者。到 1996 年底,全美已有超过 800 家报纸上了网,全球则有 1600 家。

媒介融合也包含了不同介质的媒体在经营管理上的融合。在刚刚进入现代商业化时期的 19 世纪末 20 世纪初,报业集团纷纷出现。美国涌现出一大批报业集团,像道琼斯报业集团、甘尼特报业集团、奈特里德报业集团等,都是跨媒介经营的传媒集团。报业集团与影视机构、电讯服务等机构合并,跨媒介、跨技术、跨国界的传媒集团出现。

以时代公司为例。时代公司是以 1923 年《时代》周刊起家的出版集团。1989 年,时代以 50 亿美元的巨资兼并了华纳传播公司,成为"时代华纳公司",年营业额超过百亿美元。2000 年初,时代华纳是当时世界上最大的媒体公司,美国第二大有线电视运营商。当时,美国在线是美国也是世界上最大的互联网服务提供商,当时市值 1634 亿美元。2001 年 1 月,美国在线以 1650 亿美元并购时代华纳,成为美国在线—时代华纳集团,创造了"世纪并购"新案例。但合并后的公司业绩并不理想。2003 年,赢利良好的时代公司将亏损严重的美国在线公司从公司名称中除去,成为"时代华纳公司"。2006 年,公司赢利约 10 亿美元,但之后财务状况一直下降。2014 年时代公司赢利为 3.7 亿美元,而时代华纳的总负债高达 183 亿美元。时代被母公司从集团中剥离,背负 13 亿美元债务。2015 年下半年时代公司被迫搬离了已入驻 50 年的洛克菲勒中心的时代生活大厦。谁也无法想象,曾经作为时代华纳集团利润与名望"宝石"的杂志业务,最后成了集团股价的累赘。

时代华纳集团的并购融合是世界传媒业竞合起伏的典型案例。20 世纪 90 年代横跨全球的是这样一些传媒巨头,如时代华纳、迪士尼、贝塔斯曼、维亚康姆、新闻集团、维旺迪集团、通用电气。当今 8 个世界媒体巨头的收入超过了所有南太平洋国家的 GDP 总额。到 2018 年,世界 500 强排名中,迪士尼公司排名第 176 位,时代华纳排名第 379 位,而电子商务巨头亚马逊排名第 18 位。2018 年 6 月,电话电报公司获批以 854 亿美元收购时代华纳集团。"时代华纳"成为历史,改名为"华纳媒体集团"。

媒介融合迄今仍盛,近来更是将媒介融合视为一种影响整个传媒系统的现象。

3.3.3　纸媒的新媒体战略

3.3.3.1　报纸

(1)美国。美国报业新媒体战略主要是出于"自救"。"目前年龄在 15 岁到 25 岁之间的年轻一族,他们花费在传统媒体上的时间仅为 30%;

而花费在互联网上的时间多达 70%。"纸媒危机从美国发端,之后蔓延到欧洲。美国首家以网络版替代纸质版的全国发行的日报是《基督教科学箴言报》,2009 年 4 月停止出版纸质日报,专注其网络版。拥有 146 年历史的《西雅图邮报》于 2009 年 3 月转变成完全的电子式报纸。路透社评论说:"这将是首个彻底脱离纸媒的大型美国报纸。"在金融危机和新媒体的冲击下,美国的报业进入关停转时期。2009 年底,美国《华盛顿邮报》的全国周刊停止发行,其后陆续有《费城问询报》《明尼阿波利斯星坛报》《芝加哥论坛报》《洛杉矶时报》申请破产保护。在欧洲,德国贝塔斯曼停办《德国金融时报》,《法兰克福评论报》申请破产。法国的《法国晚报》于 2011 年 12 月停止发行印刷版,《论坛报》也放弃了印刷版,改为纯网络版。西班牙最受欢迎的报纸之一《国家报》大幅度裁员。欧美报业的颓势没得到遏制反而在加剧。

在管理上,报业的新媒体战略分为家族制的自我转型和被公司收购两种。前者以《纽约时报》为代表,后者以《华尔街日报》《华盛顿邮报》《洛杉矶时报》为代表。2007 年,默多克以 50 亿美元收购道琼斯公司,盘下《华尔街日报》。2013 年 8 月,亚马逊创始人杰夫·贝佐斯以 2.5 亿美元买下首都最有影响力的报纸《华盛顿邮报》。《洛杉矶时报》于 2000 年被 Tronc 公司收购。2018 年 2 月,美国华裔富翁陈颂雄以 5 亿美元买下《洛杉矶时报》。

西方报业的新媒体战略探索已有多年。"数字收费"始于 1997 年的《华尔街日报》,这使该报在金融危机下仍然赢利。《纽约时报》的收费有过波折。在 2005 年对"时报精选"收年费 49.95 美元,2007 年 9 月不得不终止。经过慎重考虑,《时报》于 2011 年 3 月开启付费墙模式并取得成功,成为全球关注的举措。到 2015 年美国已有 70% 以上的日报采用了这一模式。美国最大报业集团甘尼特公司旗下日报,除《今日美国》以外,几乎都建立了付费墙。

2018 年,美国的日报总发行量在下降,但数字报发行量增长了 17%。

(2)英国。在英国 11 种全国性日报中,历史最久的《泰晤士报》、发行量最大的《太阳报》、仅存的对开大报《金融时报》和《每日电讯报》等多数报纸及很多地方报纸也都建立了付费墙。这一风潮也席卷了德国、丹麦等欧洲其他国家及加拿大、巴西等一些美洲国家,巴西城市报纸的付费用户所占比重甚至超过了上述欧洲国家。

《泰晤士报》收费后的访客数量不如《每日邮报》和《卫报》，数字收入也一直不理想，因而常被用作付费墙的反例。流量减少导致广告受损，动摇了靠提高注意力赚钱的固有模式。数字收费难以阻挡读者通过其他渠道获得相关内容，却将读者推到竞争对手怀里，正所谓未得其利先受其害。英国《太阳报》降低收费门槛，效果立竿见影。降低门槛后才两个月，2015 年 8 月的日访客量就增长 62%，达 130 万人。

英国的《金融时报》早在 2007 年就建立付费墙，2012 年其数字收入超过报纸的发行收入，这两项收入之和超过了广告收入。这种状况一定程度上实现了报人们梦寐以求的内容价值在数字平台的移植与变现，为报业的有效转型带来了希望。

"免费开放"是与数字收费截然不同的思路，顺应了互联网"免费""共享""海量传播"等特性。通过建立以原创信息为主的大型信息服务平台，做多客户、做大流量，并尽可能为"进入"提供方便来换取注意力，进而获得广告和其他形式的收入。代表报纸是英国的《每日邮报》和《卫报》，而其坚持免费路线的动力之一，正来自数字收费之"弊端"。

《每日邮报》是北岩爵士创办于 1896 年的通

俗小开本报纸,也是英国较有影响的全国性日报之一。该报于 2003 年推出网络版"Mail Online",起初与各报网站无异,只是将纸媒内容搬到网上,但很快做出改变。母公司 DMG Media 成立专门的编辑部,生产纸质版之外的内容;另外从 2008 年起还创办美国、澳大利亚等国际版。2014 年底独立访客近 2 亿,2015 年 8 月广告达 6200 万英镑,成为全球第一英文报纸网站。

《卫报》是一家有近两百年历史的老牌严肃报纸,其风格和开本都不同于《每日邮报》。该报 2009 年就在英国报界率先推出移动客户端,此后便努力涵盖包括社交媒体在内的各种应用。2015 年,《卫报》正式推出新的全球化网站,将英国、美国和澳大利亚的三个版本的网址简化为一个访问渠道。改版后的网站以内置的方式建立,编辑、记者和产品商业团队便能持续不断地更新内容,对网站布局进行升级迭代。在内容拓展方面,该报注重原创。《卫报》涵盖了英国各时期的重要事件和大量独家新闻,对中高端读者及研究人员有很大吸引力。该报不仅利用其资源在网上设立了大量音乐、图书和视频内容,还组织专门团队创建包括市政服务和国际重大事件在内的数据库。《卫报》耗费巨资将自己及其更古老的姊妹刊《观察家

报》的历史版面数据化,建成"数据档案"向公众开放。2015 年 7 月网站的独立访客是 1.37 亿,仅次于《每日邮报》网站。

综上,报业新媒体的探索经过了三个阶段:第一阶段,网络是报纸的延伸;第二阶段,社交网络的冲击,使报社采用社交媒体;第三阶段,报业自营各种新媒体,进行数字新闻报道,以适应互联网传播,并创造新形态的新闻传播。

3.3.3.2　杂志

《时代》周刊由亨利·卢斯等创办于 1923 年,以每年推选全球"时代封面人物"为特色,是时事新闻类杂志的翘楚。受互联网的影响,杂志的营收每况愈下。据报道,2017 年市值与时代公司相当的美国传媒机构梅雷迪思公司宣布,同意以 28 亿美元收购历史悠久的时代出版公司。这项收购完成后,梅雷迪思将得到数十家颇具影响力的杂志,包括《时代》《人物》《体育画报》《财富》和《娱乐》。

《新闻周刊》创刊于 1933 年,是一个综合性的新闻类周刊。1961 年由华盛顿邮报公司买下。2008 年以来《周刊》采取一系列改革但收入仍大幅下降,读者从 2008 年的 310 万缩减为 2009 年的 190 万。2009 年广告收入下降 37%,从 2008

年的 22740 万美元降至 2009 年的 16550 万美元。2010 年《周刊》被音响器材大亨悉尼·哈曼从华盛顿邮报公司收购。之后纸质《新闻周刊》和 IAC 旗下的网络杂志《每日野兽》合并。哈曼 2011 年去世后,停止向《周刊》提供资金。2013 年开始,创刊了 80 年的《新闻周刊》停刊印刷版,全面转向全球统一的名为《全球新闻周刊》的数字版刊物,并对 iPad 版收费。主编蒂娜·布朗声称:"我们正在改造《新闻周刊》,而非和它告别。"全数字化的版本将针对流动性强兼具舆论导向影响力的读者,他们希望在复杂的背景下了解世界时事。

《经济学人》成立于 1843 年,是国际性的新闻和商业杂志周刊,以提供时事、商业、金融、文化、社会等的深入的分析评论见长。The Economist.com 于 1996 年推出,既有平面杂志的内容,也发布网络独家内容。2009 年广告收入比上年增长 25％。2010 年,《经济学人》用 iphone 和 ipad 新媒体传播内容。它还用视频,在 YouTube 上开设自己的频道,用声像来提高杂志的接触度。该杂志坚持读者必须订阅其纸质版杂志才能使用其数字内容,这种策略获得了成功。作为一本英国杂志,《经济学人》在美国拥有 80 万订户。成功的关键就在于它有一种独特的价值取向——提供任何

人都不能提供的东西。对那些关心国际大事和那些分享立场的人来说,《经济学人》是必备读物。其读者定位是受过高等教育的、决策者或管理者,有的具有影响力。

3.3.4　电视的新媒体战略

电视的观众数量和收视率都在下降。2018年美国有线电视、卫星电视等收入下降,订户减少,预计未来仍将持续下降。英国 2006 年到 2019 的收视数据表明,黄金时段收视人数下滑 15％,年轻观众减半,老年观众增多。大型真人秀节目收视经久不衰,纪录片收视仍稳定中有进步。

3.3.4.1　英国广播公司

英国广播公司是英国最大的电视台,也是全世界著名的公营台。1991 年,它建立了门户网站,1997 年,开始发展网络业务。英国广播公司打造了 BBC online(网站)、BBC mobile(手机平台)和 BBC 互动电视三个平台。2001 年,英国广播公司完全实现数字化。

2005 年,用户生成内容中心在新闻生产中发挥了重要作用。2006 年 4 月,它又高调推出"创造性的未来"计划,提出"360 度全平台"传播理念,建设多媒体编辑中心、升级跨媒体数据库、重组管理机构和推出播放器 iPlayer 等 6 项具体措施。2007 年英国广播公司开始充分发挥网络平台交互的优势。用户可以通过生成内容中心的内容生产入口在任何时间上传自己拍摄的现场视频或图片，使 BBC News Online 得到第一手的信息源。

2007 年末，英国广播公司在线推出 iPlayer，用户通过 iPlayer 可以在其网站以直播、点播，以及下载等方式收听和收看 7 日内它们所播出的广播、电视节目。3 个月后，iPlayer 的下载量达到每周平均 110 万。iPlayer 的出现标志着英国广播公司通过技术创新将传统媒体与新媒体整合在一起，使得其认识到按需服务的重要性，引发节目制作、包装、传输方式的系列革新与调整。2010 年至今，iPlayer 已至第四代，它整合了更多的社交功能。用户能够直接通过 iPlayer 在 Facebook、Twitter 上分享音视频和观感体验。iPlayer 一直是英国广播公司投入资本打造的平台，到 2013 年 iPlayer 已经可以在 650 种移动设备和平台上实现下载、运行。第四代的 iPlayer 朝"认知媒体"的方面迈进，它在终端扩展、国际扩张，以及用户黏性等方面都取得重要突破。iPlayer 的"终端拓展"战略实现了全渠道（广播、电视、卫星电视网

络、互联网等)＋全终端(PC、平板电脑、手机、游戏平台等)的全覆盖,优化了用户体验,真正实现了能让用户在"任何时间、任何地点、以任何方式、在任何终端"上收看自己喜欢的节目内容以及进行互动。年轻用户是 iPlayer 的忠实粉丝。

英国广播公司的核心竞争力在于它能一如既往地制作出色而具有创意的不同种类和主题的节目。2012 年成立的视觉新闻团队探索新的视频形式,采用了 360 度的摄像镜头,给观众逼真的实境体验。2011 年 1 月开始的 Online 业务的收缩改造并持续至今。2012 年英国广播公司的总收入为 50.86 亿英镑,其中用户执照费收入为 36.06 亿英镑,而其他的商业收入为 14.8 亿英镑。今天 BBC 网站已经不单纯是一个网站了,而成为一个多媒体播出机构和内容聚集者。英国广播公司算得上多媒体融合变革中的翘楚。在数字广播和数字电视这两个领域,它占据着全球最新传播科技的制高点;在新媒体业务方面,它更是成为电视台模仿的对象。

3.3.4.2　美国有线电视新闻网

1995 年,美国有线电视新闻网建立交互电视,同年 8 月创立 CNN.com 网站,是传统媒体向新媒体转型的开始。随之,网络电视、手机电视、移动电视等新的电视形态被开发出来。

有线电视新闻网利用各种平台,形成了数个发布圈,由核心圈(自己的数字平台)、视频平台圈、社交和聊天平台圈、新兴媒体平台圈组成。2006 年推出互动新闻平台 CNN iReport,公众运用自己所特有的方式来制作新闻稿。2007 年与 YouTube 合作,全球直播美国总统候选人的电视辩论。2009 年,与社交网站合作对奥巴马的就职典礼以网页推送的方式传播。2011 年 CNN iReport 升级成了移动设备上的客户端。2013 年 Jeff Zucker 担任全球总裁之后,便开始进行战略调整,全面实施"移动先行,数字第一"的新媒体发展战略。截至 2016 年 4 月,已有新媒体员工近 700 人(其中专属数字部门员工超过 250 人,其余员工是既为电视又为新媒体提供内容的全媒体记者)。有线电视新闻网的新媒体在美国市场单月表现稳居 6 个第一:多平台独立访问量第一,达 9300 万;多平台总浏览量第一,有 16 亿;各平台访问时长总量第一,是 31 亿分钟;视频播放次数第一,为 2.36 亿;视频播放时间第一,达 17 亿分钟;社交媒体总量第一。

内容创新方面,新闻制作采取适合全媒体的

流程,数字化、可视化,如使用角膜屏技术、全息影像等电影高科技技术;在新媒体报道方面,也屡有创新而收视不俗。如 2014 年 3 月,在"马航 317 失联报道"中,有线电视新闻网用虚拟现实技术演示马航 317 的飞行状况,并搭建演播室,利用人机互动技术进行可视化传播,是此次事件报道中的亮点。

有线电视新闻网通过媒体融合,形成了"线上互动""电视网播出"和"线下服务"相结合的"三点多面"的传播网络。十几年来,有线电视新闻网不断利用新媒体全面改革新闻生产流程、改进传播方式、调整竞争策略,最大限度地拓展用户群,取得显著经济效益。"移动、视频、全球是 CNN 新媒体战略实施成功的三大法宝。"

3.3.5 通讯社的新媒体战略

3.3.5.1 路透社

1994 年,"路透新媒体公司"成立,负责网络业务。1997 年,新媒体公司开始赢利。1999 年,路透社成为美国最主要的网络新闻供应商,其在美的网络用户达 225 家。1999 年,组建了新的"新媒体国际公司",开拓欧洲、亚洲,及拉美的网络业务。到 1999 年底,路透社的全球网络用户超过 900 家,网络新闻的收入达 1500 万英镑,增长很快。2003 年,即时咨询服务系统与微软的 MSN 系统相连接。2004 年,引入 RSS,即聚集页面内容的技术。2006 年收购的 Pluck 公司旗下的博客公司 BlogBurst,其 2800 个博客为《华盛顿邮报》《卫报》等媒体提供信息。2008 年 4 月,加拿大汤姆森公司以 160 亿美元收购路透集团,成立汤姆森路透集团。

3.3.5.2 美联社

美联社 1996 年推出新闻网站"连线",24 小时更新全球新闻。1999 年建立美联社电视服务部。2000 年 3 月成立"美联数字"部门,负责向网络媒体销售该社的产品。2006 年与微软 MSN 合作开设美联社视频网,向客户每天免费提供多达 40 段的流媒体网络视频新闻服务,视频前面播放广告。2006 年美联社和 Google 进行内容合作,Google News 的新服务将采用美联社的内容,美联社可以从中获得内容收费。2007 年 4 月推出以年轻受众为主要目标的新闻博客"纵横"。2009 年,美联社推出互动新闻服务,是针对重大新闻提供的多媒体服务,文字为主的新闻转向了多媒体和互动的新闻。

美联社尝试利用机器学习将新闻生产过程实现自动化转换。据美联社2015—2020年五年战略规划显示，它们希望在2020年之前，80％的新闻内容生产都能实现自动化。它的机器新闻生产使用有超强的数据采集、分析和处理能力的Wordsmith平台，生产效率大大提高。2017年的季度财报，稿件的数量从300篇增长到4400篇。通过算法运算生成图文并茂的报道，最后用云服务进行多渠道如Twitter、E-mail实时发布。美联社的报道时效性强，使其在新闻报道中脱颖而出。

在新闻表现上，该社将数据进行可视化呈现形成数据新闻。针对特定内容如地震、难民营等进行虚拟现实报道，进行沉浸式体验。美联社新闻内容的传播路径从过去的"面—点—面"模式转变为如今的"点—面—点"模式。

3.3.5.3 法新社

法新社是政府特许授权的非营利性自治公共组织。它从1999年始重视网络业务，同年9月公布一项为期5年的发展计划，重点是向用户提供多媒体产品和吸引私营部门的投资，加大网络业务的投入，使法新社跻身于"世界上主要的多媒体

通讯社之列"。它的网络产品,如网站服务,提供
即时用的新闻网页;面向自己用户的新闻邮件服
务;向手机上网服务的网络公司提供 WAP(无线
应用协议)因特网服务。由于体制所限,法新社采
取合作的方式扩充业务,如 2008 年与属于新闻集
团的道琼斯公司合作,提供综合及政治资讯。法
新社在全球拥有 200 多个记者站,在五大地区拥
有总部,2012 年营业额达到 2896 亿欧元。2013
年法新社视频新闻的产量较两年前增长 10 倍,
2014 年日产 200 条,是吸引年轻客户的所在。法
新社建成存档新闻网络索引平台,服务客户,其
"e-diplomacy"集合全球 4000 多名政府要员、企业
总裁、网络意见领袖等的推特账号,展现 24 小时
的国际时事。总体上,法新社的国际竞争力在下
降,财力状况不容乐观。

总之,各通讯社的新媒体战略主要集中在两
点:一是发展新媒体产品,二是拓展新媒体渠道,
与平台新媒体建立合作。每个通讯社都注重发展
视频,突破文字局限,面向多屏终端。

4 新闻自由理论

新闻自由理论是西方各国新闻体制的基石。新闻自由作为一项权利已被西方多国写入了宪法中。新闻自由理论作为西方新闻业的主导理论，迄今还被各国新闻界奉为圭臬。

4.1 压制与抗争——西方的新闻自由史

新闻自由是新闻界经过几个世纪的抗争得来的。一方面是教会和王权对出版物的禁止，另一方面是印刷活动的此消彼长。抗争与妥协，最终诞生了宪法对新闻自由的保障。美国传播学家弗雷德·西伯特对新闻自由的历史概括为："16世纪积累了经验，17世纪发展出哲学原则，在18世纪将这些哲学原则付诸实践。"

4.1.1 16—17世纪的英国

前面提到，古登堡发明印刷术，本意是为了避免书籍抄写中的错误,罗马教会相信这是"神赐的技术"。但随着印刷机大量印刷《圣经》,"神赐的技术"变成了"魔鬼的武器"。新教书籍的传播引起了教廷的恐慌。1564 年,罗马教皇颁布《禁书目录》,上面罗列了新教和其他异教的出版物。这样的目录每 50 年更新一次,欧洲的书报检查制度由此开始。

英国引进第一架印刷机是在 1476 年,在之后的 50 年里,印刷业尚未形成一支有力的社会力量。历届国王鼓励外国人到英国创办印刷业。但到都铎王朝统治的 16 世纪,才开始确立起有关图书出版的登记、检查及特许制度。英国在新闻史上对新闻出版进行了严厉的控制,主要体现在三个方面:一是颁布出版许可制,出台《印刷管理法》,二是星法庭,三是收印花税等。与此同时,报纸刊物也艰难地发展起来。

在英国,对印刷品的审查始于亨利八世。1528 年,亨利八世采取封锁的策略,下令不许各国出版商在英国设立新厂,现有印刷厂的学徒也不得超过两个人。1530 年,亨利八世颁发特许状,授予托马斯·希尔顿售卖廷代尔版《圣经》的专有权。皇家出版特许制度揭开了英国印刷出版业特许制度的序幕。1534 年圣诞节,亨利八世规定印刷商

须在皇家许可后才能开张营业,这一"事先约束"的想法从此成为法律。英国皇家特许制度正式建立,把伦敦的印刷业集中到了少数官方可以控制的印刷商手中。1557年,王室责成书商公会发放印刷许可证,规定每本书必须得到许可方能出版。书商公会对出版业拥有垄断权,这项权力直到1695年才去除。

伊丽莎白一世时期,书商公会的直接靠山是枢密院和星法院。1570年,伊丽莎白女王将参议院司法委员会独立,组成皇家出版法庭,即"星法院",以加强封建统治。

在严厉的管制下,英国的书籍贸易被严格地限制在一些官方可以控制的特权商人中间。17世纪,斯图亚特王朝的詹姆斯一世和他的儿子查理一世利用星法院审理煽动性诽谤案,用来镇压王室政策的反对者。从独断专行、秘密审讯到以叛逆罪、渎神罪和煽动性诽谤罪等罪名实施野蛮酷刑,星法院可谓集野蛮之大成。

1621年,詹姆斯一世通过驻荷兰大使发布文告,禁止将报纸运往英国。1621年,英国出版商托马斯·阿切尔出版了他亲自编著的"科兰特"。托马斯·阿切尔因印刷出版有关帕拉蒂纳特战事的大幅单面报纸而被控告,尽管他申辩说英国尚无大幅单面报纸许可和登记制度,但他还是被投入监狱。1630 年,出版商巴特与伯恩以"每年支付 10 镑维修圣保罗大教堂"为代价获准专营印刷国外新闻。1632 年 10 月,伯恩和纳撒尼尔·巴特因偷运小册子和报纸入境而被取消出版特许权。巴特与伯恩的印刷所随即被查封。1664 年,巴特去世,他的讣告相当简单:"巴特,老出版商,死于贫困。"

但是,随着新闻性印刷品的兴起,审查制度的效能在斯图亚特王朝初期已经下降了。到 1636 年,各地出版的图书和小册子内容之激烈,数量之多,超过了以往任何时期。1637 年 6 月,清教徒亨利·伯顿、约翰·巴斯特威克和威廉·普林因撰写抨击坎特伯雷大主教威廉·劳德的小册子而被捕,并被鞭打、带枷示众和割耳。三人被带上刑台时受到群众欢呼,巴斯特威克高呼:"如果我的血能使泰晤士河上涨,我将为此洒尽每一滴血。"他们分赴各监狱时,群众在路上撒满鲜花和芳草。这起案件导致国会 1641 年撤销星法院。

1641 年,在大革命的背景下,特许出版公司和星法院被取消。这时期新闻业极大繁荣。1642 年出版了 2000 多种小册子,1645 年发行了 700 多种报纸,从 1640 年到 1660 年,小册子和报纸加

起来一共是 2.2 万种。在内容上大量刊载国内新闻。

克伦威尔执掌政权后，1643 年，通过《出版许可法》，规定未经出版检查审议批准，不许印行任何出版物。1649 年，颁布特许规定，官方出版物只有两种。美国学者斯隆说："出版自由，在 17 世纪的英国经历了起伏消长的变动。在动荡和内战期间，自由得以延伸，而在政权又到了一个人的手里的时候，便又萎缩了。"

尽管克伦威尔成功地控制了印刷传媒，但内战还是唤起了人们对新闻和信息的需求。手写的新闻信逐渐发展起来以满足这种需求，这是在富人和有权势的人之间传播的私人资源。查理二世上台后于 1662 年颁布"制止出版诽谤、叛国和未经许可之图书和小册子"的《出版许可法》。它详尽而具体地对印刷出版活动作出了一系列限制规定，几乎恢复了星法庭在 1637 年发布的所有法令，并重申国王对出版业的绝对特权。

随着都铎王朝复辟，"国王的御用记者"亨利·马迪曼被任命为官方新闻出版物《伦敦公报》的编辑。1666 年出版的《伦敦公报》是英国第一份现代意义上的报纸。借助邮资免费，马迪曼利用他的新闻信札，在全国建立记者系统以新闻信件的形式收发报道。无论就何种意图和目的而言，这都应该称为最早的新闻收集服务。

詹姆斯二世继位后，《出版许可法》再次于1685年恢复，但这已是强弩之末了。1688年，辉格党人与一部分托利党人联合，废黜詹姆斯二世，邀请詹姆斯二世的女儿玛丽与女婿荷兰执政威廉共同执掌英国政权，英国完成了一场没有经过流血斗争便实现了政权更迭的革命——"光荣革命"。1689年，议会通过《权利法案》来限制国王的权利，提高议会的地位，确保议会的言论自由。《权利法案》规定："国会内之演说自由、辩论或议事之自由，不应在国会以外之任何法院或任何地方，受到弹劾和询问。"

1694年，正式废除了《印刷管理法》。至此，各种垄断出版的法律都失效了。1771年后，默认可以报道国内政治。从亨利八世以来的"事先约事"等出版规定终于废除了。美国学者弗雷德里克·S.西伯特指出："表达意见的自由是在所有压制或控制办法难以奏效之后才被承认的；讨论自由作为一种最终性方法，不是基于健全的理智，而是因为别无选择。"

4.1.2 16—18世纪的法国

1469年法国引进印刷机，比英国早了7年。

印刷机引进法国后,巴黎神学院就担负起了出版检查的职责。1530年前后,法国颁布一系列查禁新教出版物的法令。法国王室很快颁布各种管制出版和发行的法令,这种政教联合的控制逐渐发展到由国王独掌大权。1542年到1547年的索邦大学禁书目录中,仅1544年版就有120种拉丁文和法文书籍被禁,被禁者多为知名宗教改革家。1566年著名的《穆兰敕令》有许多条款涉及出版管制和检查,规定图书未经国王准许并盖有国玺的特许状,任何人都不得印刷或出版,这标志着世俗政权已正式从神权手中夺走了出版物检查的大权。

1577年,亨利三世将批准售书权下放给地方行政官员。英国的权力主体是特权法庭和书商公会,而法国是国王,因为法国实行的是绝对君主专制。法国书报检查制度的特点:一是注重出版前控制。1672年,王室建立了一所书报审查官学院。到18世纪,法国的书报审查官人数在150到200人之间。二是控制认可的出版商数量,建立王家出版社。1640年,王家印刷所专印政府法令。他们视印刷术为"邪恶的传播"。在1622—1739发布许多禁令,以使小的出版企业变成大的。三是实行特许制度。1631年路易十三时的勒诺多家族延续了 131 年的出版垄断。四是加紧出版后控制，实行追惩制。

1631 年,法国的第一份周刊《报纸》在巴黎由泰奥夫拉斯特·勒诺多创办。它获得了国王路易十三的出版特许状而刊出,被认为是"地球上所有国王及强国的报纸",总共 4 页,每期发行 300—800 份。创办更多的是文学周刊,如 1665 年创办的《学者报》、1672 年多诺·德维泽创办的《文雅信使》。《文学共和国新闻》的诗表现了对书报控制的讽刺:

> 这些亡灵拥挤在绵延的河边
>
> 巴望第一个到达遥远的彼岸
>
> 那无情的艄公有时让这个上船,有时让那个上船
>
> 然后抛下其他亡灵扬长而去

法国的新闻事业不发达,原因除了严厉的控制之外,法国的哲学家与报业的对立也是其中之一。"哲学家们聚在一起的时候,他们不是想到办一份报纸或是杂志,而是编定一本百科全书。"

法国大革命之前,政府对出版采取了压制政策,以至于冉森教派的《特雷武纪事》以隐秘的方

式发展,《教会新闻》在山洞里印刷,秘密分发。1751 年,审查处有 82 个,1763 年达到 121 个。18 世纪,书报审查官人数在 150 到 200 人。

1777 年元旦,法国历史上第一张日报《巴黎日报》在巴黎出版,创办人是吉伦特派的领袖布里索。该报虽非官方报纸,但经官方批准,要接受新闻审查。它一般不卷入政治斗争,内容多样,但在《法兰西报》等特权报纸的排挤下,很难报道第一手新闻,后来 1789 年革命爆发时停刊。

大革命前的 1788 年法国有 60 种报刊。到 1789 年三级会议召开的 5—7 月,新增加了 342 种。1789 年 7 月 14 日—1792 年 8 月 10 日,这三年内有 500 多种。外省报纸有 30 来家。出版界对书报检查进行了强力反抗,报刊数量急剧增长。法国出版自由缺乏法律上的保障,这几乎成为大革命前许多革命家的共识。

法国大革命确立了三种重要的思想观点:一是要求政治公开。秘密是可憎的,是特权的保护物,实质上是反革命的。新制度要求政治事务的透明度。二是要求直接民主。古希腊罗马民主模式的无上吸引力,不惜以允许公众在议会论坛叫骂喧哗为代价。报纸恰恰能使大众行使这一民主权利。三是报纸成为政治生活的中心参与者和组织者,报刊记载革命过程,使公众产生分歧,报刊与政党密不可分。

政治家米拉波认为出版自由是一种最不可侵犯的自由,一种不受限制的自由。1789 年《人权宣言》发布,其中的第 11 条说:"自由传达思想和意见是人类最宝贵的权利之一。因此,每个公民都有言论著述和出版的自由,但在法律规定的情况下,应对滥用此项自由负担责任。"它是人类历史上第一个明确规定出版自由的正式文件。公开宣布出版自由和废除出版检查制度,并用宪法的形式固定下来,作为政府的基本原则之一,法国可谓世界上第一个国家。

在欧洲历史上,法国大革命这一重要时刻,如果不考虑报纸在其中所起的作用,就显得难以理解了。法国大革命时期创办了许多有影响力的报纸。如马拉于 1789 年创办的《人民之友报》,是革命民主派的战斗机关报。该报是日报,8—16 页,8 开,共出 627 期,到 1792 年停办。1790 年 9 月由贝埃尔创办的《杜歇老爹报》,是大革命中大众化的报纸。"杜歇老爹"是民间一个机智、灵活、滑稽憨直,疾恶如仇,正义的形象。该报是"长裤汉"的机关报,风格嬉笑怒骂,销量达 8 万册。它的影响尽管无法准确估计,但无疑是十分巨大的。《法

兰西和布拉班特革命报》创办于 1789 年 11 月,到
1791 年停办。创办人是德穆兰。该报的内容是
报道和讨论法国、比利时和其他国家的革命问题。
德穆兰是法国大革命时期最有影响的新闻记者,
最后被中学同学罗伯斯庇尔处死。革命时期的吉
伦特派和雅各宾派各有自己的报纸作为阵地。革
命使报刊勃兴,1788 年巴黎有 10 家,到 1791 年
时是 500 多家,读者是革命前的 3 倍。巴黎卖出
近 30 万份报纸。1793 年邮局平均每天有 8 万份
报纸从巴黎发往外省或国外。而 1780 年的英国
伦敦共 4.5 万份;法国到执政府期间是 3.3 万份
(1846 年是 18 万份)。

4.1.3 殖民地时期的美国

4.1.3.1 早期

1638 年,北美大陆上有了第一台印刷机,印
刷的是教育书籍。北美殖民地出现的第一张报纸
是 1690 年 9 月 25 日,由来自伦敦的印刷商本杰
明·哈里斯在波斯顿出版了《公共事件》。它只出
了一期就被殖民当局查封了。

第一份连续出版的报纸印刷于 1704 年,是由
波士顿邮政局长坎贝尔创刊的《波士顿信札》。当
时英国政府已授权北美殖民地建立了一个跨地区

的邮政服务系统,坎贝尔利用信息灵通之便将欧洲来的各种消息剪裁,编辑成报纸。该报双面印刷,单张,内容需送总督审批。发行量虽不超过300份,"但它却像《圣经》中的一粒芥子种。美国伟大的第四等级这支不容任何人忽视的力量就是由这颗种子发芽长大的"。

1721年《新英格兰报》创刊,办报人是詹姆斯·富兰克林。这是一张办得生机勃勃的小报,印行5年,对美国报业影响深远:它敢说敢为,写作水平高,通过"讨伐"式的手段和富于戏剧性的报道,借争论引起大众关注。这是美国第一张为读者提供喜闻乐见和迫切需要的新闻的报纸。本杰明·富兰克林当时只有16岁,在哥哥那儿当学徒,曾化名"沉默的行善者"撰写随笔文章并大受赞赏。1729年,本杰明·富兰克林接管了《宾夕法尼亚公报》,轻易地招来了大宗广告,获得丰厚的利润。富兰克林对美国新闻事业的最大贡献就是使它成为受人尊敬的行业。

在北美殖民地,报业在18世纪上半叶之所以有重大发展,正是由于它战胜了限制那种自由的势力。这一胜利使报业成为美国革命者手中最强有力的武器。早在1692年,费城的印刷商威廉·布雷福德因其在定期印刷的小册子上发表的观点引起当局不满,受到威胁。布雷福德的印刷所同时替政府传播信息,故反击说将印刷所搬离到合适的地方。这结果使议会撤销了对布雷福德的起诉。

4.1.3.2 "加图来信"与言论自由

殖民地的编辑们永不厌倦地教导读者自由表述个人思想作为根本权利的重要性。他们最喜欢引用的是"加图来信"系列文章中的字句。这些文章发表于 1720 年和 1723 年之间,作者是约翰·特兰查德和托马斯·格登。这些文章触及了各种与立宪政府有关的事务,其中也包括了言论自由的问题。加图告诉他的读者们没有思想的自由就不会有智慧,同样,没有言论的自由也不会有公众的自由。这样的自由是每一个人的权利,只要他不运用这种权利去伤害和控制别人的自由,而这一点是言论自由所应承受的唯一条件和人们在言论自由方面应该知晓的唯一界限。当总督虐待了他的人民,人民就有权当众揭露他。在这篇关于言论自由的文章和另外三篇关于诽谤的文章中,作者阐述了出版商批评政府官员和政府举措的权利,这一论点后来形成了殖民地时代后期关于言论自由的核心内容。

4.1.3.3 曾格案

1734—1735 年的"曾格案"使"事实"和"诽

谤"区别开来。1733 年 12 月,曾格在他的《纽约周报》上批评当时新任的纽约殖民地总督科斯比的一些作为。报道大受读者欢迎。总督很气愤,命令法官对曾格提起诉讼。1734 年 11 月一个星期天的下午,以"煽动闹事"的罪名将曾格逮捕。审判于 1735 年 8 月 4 日才进行。

60 岁高龄的安德鲁·汉密尔顿出庭为曾格辩护。他认为诽谤罪须证明哪些言论本身是诽谤性的,即虚假的、恶意的和煽动性的,否则就是无罪的。他援引英国的《大宪章》,追溯了星法院被取缔来证明他的观点。陈述事实真相的自由已在法律上成立,"谎言才构成中伤,才构成诽谤"。汉密尔顿的辩护既果断有力又彬彬有礼,"致使那些着了迷的听众像是进入了催眠状态一般"。他说:

> 正是那些伤害和压迫人民的人,才激起人民的呐喊和控诉,但是他们又将人民的控诉作为新的压迫和起诉的根据。……摆在你们面前的,不是一件小事、不是一件私事,不仅仅关乎一个可怜的印刷商,也不仅仅涉及纽约。不是的,它的后果将会影响到在英国政府统治下而生活于美洲大陆的每一个自由人。这

是最好的诉讼,因为它事关自由。……
自由,就是说出和写下事实,用以揭露和
反抗专制权力。

最终,陪审团做出无罪裁决。

"曾格案"发生期间在当时的美国引发了对新
闻自由的热议。同时,也对英国的"诽谤罪"产生
了较大的影响。

4.1.3.4 确立出版自由权

1775 年,英属北美殖民地出现了 34 种常规
报纸。在独立战争爆发后,报刊业进入兴盛期。
这些报刊在独立战争中起到了重要的作用。独立
战争的爆发与英国在美国征收印花税有关。托马
斯·潘恩的小册子对革命的呼吁,通过殖民地人
士的一场政治辩论,使北美居民对殖民地的地位
和命运的认识更为清醒,维护自由和争取独立的
信念逐渐明确,《独立宣言》的理念思想和逻辑框
架已具雏形。

1791 年通过的《权利法案》,其第一条对新闻
工作者有着特殊的意义,它规定国会不得制定下
列法律:确立国教或禁止信教自由;剥夺言论自由
或新闻出版自由;剥夺人民和平集会及向政府请

愿伸冤之权。这就是著名的宪法修正案第一条。马克思称之为人类"第一个人权宣言"。这是美国新闻自由的基石。

这与托马斯·杰弗逊等人的奔走呼吁分不开。杰弗逊是《独立宣言》五人起草委员会的主要人物,主张人权平等、宗教和言论等的自由。他在新闻自由上最经典的一段话是:"民意是我们政府的基础。所以我们先于一切的目标是维护这一权利。如果由我来决定,我们是要一个没有报纸的政府还是没有政府的报纸,我将毫不犹豫地选择后者。"他为言论自由作出了重要的理论贡献,其像矗立在美国的哥伦比亚大学校园里。

4.1.4　议会时期的英国

前面说到,1688 年"光荣革命"之后,废除了禁止出版的法律命令。1689 年的《权利法案》限制国王的权利,议会的地位提高。1712 年,英国议会通过一项《印花税法案》,增加了对出版物的征税额度,税收对象主要是小册子和报纸。

4.1.4.1　印花税

1712 年出台的《印花税法案》的征税范围是当时所有的印刷出版物。议会时期,英国政党轮流执政,激烈的党争在所难免。以博林布鲁克为首的托利党政府操纵着议会通过了这个《印花税法案》,想借此压制批评性出版物,清除异见。

法案规定报纸、小册子、广告和纸张都需交税。印花税、广告税和纸张税等被统称为"知识税"。

该法案实施仅半年,有一半报纸停止发行。有人感叹:"你知道吗,格鲁布大街已于上周'死'去了。"当年,《旁观者》即关门大吉,近半数报刊在同一年消失。统计显示,在 1712 年伦敦有 12 种报纸;到 1712 年底,已有 7 家报纸停刊,仅 5 家尚存,其中包括官办的《伦敦公报》。

直到 19 世纪 50 年代之后,这三种税才废除。1853 年废除广告税;1855 年取消印花税;1861 废除纸张税。19 世纪中叶,由于废除了"知识税"出版获得了自由,脱离了国家和社会中政治利益的控制。最后一项知识税被废除后,英国限制新闻出版的法律全部消失,新闻出版自由得以最终确立。

4.1.4.2 煽动诽谤罪和报道国会

《印花税法案》保留有叛国罪和煽动性诽谤罪的条款,以及报道国会活动的规定。出版税以及对诸如煽动、诽谤等行为进行法律制裁,都是国家用以对付出版的主要武器。

1712 年至 1815 年，出版税增加了 7 倍。其间，1757 年税率加重，1758—1763 年，英印花税年均 43000 镑。1794—1804 年和 1815 年税率上调了三次。"这意味着这期间报纸的销售税增加了 800%。"到 1815 年，一张报纸的印花税高达 4 便士。

伊丽莎白一世时代的 1590 年前后，煽动性诽谤被定性为对公共人物、政府和国王的批评。煽动法是对叛逆法和军管法的补充：叛逆法主要控制有特权的神职反对派、牧师和耶稣会士以及某些平民，军管法用来震慑平民，而煽动法震慑知识分子。1730—1760 年，陪审团就可以对煽动性诽谤罪做出独立判决。英国政府曾颁发总逮捕令，以诽谤罪为由逮捕《匠人》的印刷商。作为《匠人》撰稿人的阿莫斯特代印刷商向政府自首，随后被关押。接替阿莫斯特的《匠人》编辑库克，因发表批评佩勒姆政府的言论，政府以"诽谤罪"为由抓捕库克，最后库克在贫困中死去。

报道议会消息历来被视作侵犯议会的特权，因而构成诽谤罪。1660 年议会宣布严禁报道议会新闻。1695 年的《许可证法》废止后再度重申这一禁令。18 世纪初，报道议会的活动记录是被严格控制的。18 世纪，《英国政治月刊》的创办人

鲍伊尔采取延后的策略来报道议会新闻,但受到处罚。18世纪下半叶,借助激进主义运动,报道议会有了很大的发展。其中,约翰·威尔克斯是个重要人物。1762年约翰·威尔克斯创立《北不列颠人报》,创刊号称:"新闻自由是一切自由中最坚强的堡垒,……批评政府乃每位报人的神圣天职。"他因批评国王于1763年被捕,囚禁于伦敦塔。因威尔克斯的议员身份,大法官以侵犯议会特权为由将其释放。1774年,他获选伦敦市长并成功入职。他坚持维护公众自由获得了市民的支持。而他一系列抗争成功的秘诀是:营造舆论,争取民众。1771年他利用司法特权使报道议会辩论的记者免于被逮捕。同年,政府允许报纸报道国会事务。1774年,政治家伯克在英国国会上称记者为"第四阶级",与贵族、僧侣、资产者并列。后来《爱丁堡评论》说:"今天新闻界已经真正成为了一个国民等级,甚至比其他任何地方的等级都更为强大。""第四等级"的说法得到认同。

1792年"福克斯诽谤法案"通过,使诽谤罪有法可依,结束了18世纪以来全由法官独自决定诽谤罪,陪审团不能参与其事的历史。1803年准许记者至法庭后排旁听。1831年正式设记者席。

1868 年通过法案,认定记者报道国会和评论国会新闻不属于诽谤罪。

综上,新闻自由的抗争史持续了几百年,其间的重要历史事件如下:

1641 年:星法庭废除;

1695 年:报刊许可制终结;

1792 年:"福克斯诽谤法案"通过;

1853 年:广告税废除;

1861 年:报刊税(即所谓的知识税)废止。

大卫·钱尼说:"人们一般认为,英国报业是在 19 世纪中叶取得自由权的。"新闻业在艰难的境遇中曲折发展。1641 年有 4 种新闻出版物,1645 年有 722 种。报纸年销量,1713 年为 250 万份,1750 年为 730 万份,1756 年为 1070 万份。

4.2　新闻自由主义理论

18 世纪,传媒理论完成了从威权主义向自由至上主义的转变。到 18 世纪末,各国基本上都将自由至上主义奉为圭臬,并以宪法条文的形式保护言论和出版自由。在这场转变中,17 世纪的约翰·弥尔顿,18 世纪的洛克、托马斯·杰斐逊,19 世纪的约翰·斯图尔特·密尔都作出了重要的理论贡献。

4.2.1 理论

4.2.1.1 约翰·弥尔顿的《论出版自由》

约翰·弥尔顿是政论作家、诗人、自由的提倡者。他写的论离婚的小册子在清教徒眼里离经叛道,没有登记就公然出版,违反了《出版管制法》。因此,议会传弥尔顿前去接受质询。1644 年弥尔顿写了答辩词,题目是《阿里奥帕吉蒂卡:约翰·弥尔顿向英格兰国会发表的演说,关于无需许可而印刷的自由》。现在,这部著作名为《论出版自由》。

弥尔顿是名虔诚的教徒,他认为应该从基督教神学的角度来理解他的言论出版思想。他引用神话用三分之一的篇幅来说宗教,指出雅典只禁止渎神的、无神论的文字,和诽谤中伤的文字,而古希腊罗马时期对书籍,哪怕异端思想也是宽容的。弥尔顿借此要表达不能渎神、不能诽谤,出版自由是有限的。但对于思想自由,统治者理应持宽容态度。弥尔顿提出了反对许可制度的三条理由:首先,许可制度是罗马天主教会的产物,是对新教徒的诅咒。其次,许可制度在实践上行不通:检查官的水平往往低于作者的水平;出版物的数量和范围大到根本无法一一检查;思想的流传也并不完全依赖出版。所有这一切都使许可制度不可能贯彻到底。第三,许可制度妨碍了真理。他说:"虽然各种学说流派可以随便在大地上传播,然而真理却已经亲自上阵:我们如果怀疑她的力量而实行许可制和查禁制,那就是伤害了她。让她与虚伪交手吧。谁又看见过真理在放胆地交手时吃过败仗呢?"

约翰·弥尔顿的论点建立在这个假设上:人类依靠理性就可以分辨正误善恶。要运用这项才能,人在接近和了解他人思想观点时就不能受到限制。弥尔顿坚信,真理是明确的而且是可以证实的,只要允许它参加"自由而公开的斗争",它就会显示出战胜其他意见的独特力量。从弥尔顿的思想出发,当代逐渐发展出了"观点的自由市场"和"自我修正过程"两个概念:"让一切有话要说的人都能自由表达他们的意见。真实的和正确的会存留下来,虚假的和错误的会被抑制。政府不能参与这一争执,但是真理会吸引更多的支持力量,通过自我修正过程达到最终胜利。"

弥尔顿在《论出版自由》一书中说:"言论出版自由在他这里是为追求真理、认识上帝服务的。"虽然目前把弥尔顿的这个小册子中的自由思想看作是近代新闻自由的思想源头,但在弥尔顿的时代,并没有多少影响力。这本小册子在美国"曾格案"在英国一版再版的 18 世纪 30 年代末得到重印。他的影响在法国更大,1788 年,米拉波侯爵发表一篇《论出版自由:模仿英国人弥尔顿》,呼吁法国确立出版自由。威尔伯·施拉姆认为弥尔顿在自由主义传统上写出了主张思想自由的光辉论点,形成了关于"观点的公开市场"以及"自我修正过程"的概念。"施拉姆是西方传播学的奠基人,他对弥尔顿的这个评价奠定了学术界将弥尔顿与自由至上主义紧密联系在一起的基础。"

4.2.1.2　洛克《政府论》

约翰·洛克提出了"天赋人权"说。《政府论》十分鲜明地提出人是生而自由的。"那是一种完备无缺的自由状态,他们在自然法的范围内,按照他们认为合适的办法,决定他们的行动和处理他们的财产和人身,而无须得到任何人的许可或听命于任何人的意志。"人具有一种天然的自由,除了受到自然法的约束。洛克认为"人的这种天赋自由是十分重要的。这种不受绝对的、任意的权力约束的自由,对于一个人的自我保卫是如此必要和有密切联系,以致他不能丧失它,除非连他的自卫手段和生命都一起丧失"。

　　洛克认为,人的天赋自由是他生命得以保存的基本手段,是根据上帝扎根在人心中强烈的自我保存的欲望。财产权如此,自由权也同样如此。这种天赋的自由权利是人之为人、人自我保存的必然发展要求。生命权、自由权和财产权是洛克在《政府论》中反复强调的自然权利,这三者密不可分,而自由权是他整个思想体系的基础,具有最基本的价值。"自由是其余一切的基础。"

　　洛克的自由论影响很深远:它是英国的辉格党代议制政府的基础,是美国《独立宣言》及出版自由观的核心内容。

4.2.1.3　约翰·斯图尔特·密尔的《论自由》

　　约翰·斯图亚特·密尔生活于维多利亚时期,英国的工业革命后期直至完成的时代。政治方面英国建立起了法制传统和政治自由传统。一方面,政府权力和个人自由之间的冲突已经基本解决;另一方面,社会舆论的力量极为强大,成为一种强制性的暴虐力量,对个人自由形成了很大的威胁。19世纪的英国,受到民主化、大众化的影响,社会出现了同化的趋势,造成了人们的普遍平庸化。

　　密尔对此极为敏感。他认识到在英国已经形

成了一个巨大的敌视个性的力量,大众通过社会舆论和公众意见,干涉个人事务。密尔说:"当前公共舆论的趋向有一个特点,那就是对于任何明显的个性流露特别不能容忍。"他面对的时代特点是大众舆论对个人言论自由的压制。他说:"在我们这个时代,从社会最高阶层到社会最低阶层,每一个人都好像生活在怀有敌意目光的审查之下。"

《论自由》出版于1859年,是自由主义的经典之作,其核心问题是个人与社会的关系(而非个人与政府的关系)。他提出"多数人的暴政"的命题:"尽管多数人的暴政很少诉诸极端的惩罚,但却使人无所逃遁,它更渗入到生命的细枝末节并且奴役灵魂本身。"其核心论点是社会权力干预个人自由的性质和限度。"人们获准个别地或集体地对他人的行为自由进行干涉,其目的只能是自我防卫(直接的、最初的利益)。"

《论自由》共分五章。第一章《引论》提出了本书的论题:社会权力干预个人自由的性质和限度。密尔认为:人类可以个别或集体地对个人行动自由进行干预的唯一正当目的,是为了自我防卫,是为了防止某人伤害别人或者伤害社会。除此之外,其他理由不能成为干预个人自由的借口。第二章《论思想和讨论的自由》,密尔把上述标准引入思想言论领域,为思想和言论的自由提供了强有力的辩护。他认为思想自由与言论自由都是很重要的。"试想所有人都持一种观点而只有一人持异议,那么所有人让这一人闭嘴,并不比这一人将所有人禁言(如果他掌权)来的更正义。""压制一个观点,是对全人类的劫掠,既是对今人也是对后人的劫掠。"他从各方面论述了言论自由的重要性。第三章《论作为人类福祉因素之一的个性》,密尔把这一标准引入行为的方面,为个性自由提供了强有力的辩护。"每个人必须不断努力向其趋近,尤其是那些意欲教化同胞的人必须一直关注的目标,就是能力与发展的个性化。"为此必须具备两个条件:"一是自由,二是千差万别的环境。"两者结合便可产生出统一在"首创性"中的"个性活力与丰富差异"。第四章《论社会施加与个人的权力的限度》,密尔对这一问题展开了更为细致的论述,对处理社会与个人之间关系的原则进行了更为广泛、深入的讨论,是对第一章所提出原则的呼应和细化。第五章《本文原则的应用》,密尔运用自己提出的关于自由的原则,讨论了一些具体事例,如禁酒、毒药的买卖等,并讨论了自治和政府职能的问题。只要不涉及他人的利害,个人(成人)就有完全的行动自由,其他人和社会

都不得干涉。只有当自己的言行危害他人利益时,个人才应接受社会的强制性惩罚,这是密尔所划定的个人与社会的权利界限。《论自由》中最著名的一段话是:"如果整个人类,除一人之外,意见都一致,而只有那一个人持相反意见,人类也没有理由不让那个人说话。正如那个人一旦大权在握,也没有理由不让人类说话一样。"

细究起来,密尔与前面弥尔顿论及的"自由"不同。弥尔顿的"自由"是基于"自由至上主义"的,密尔的着眼点则在于"群己权界",特别提出要防范公共舆论对个人自由的干预。弥尔顿的重点是呼吁公众的批判意识免受外在权力的侵犯,密尔的重点则是防范公众自身对异己性力量的侵犯。阿特休尔评价说:"对于密尔来说,自由是人类热望的终点,而对于弥尔顿来说,自由是通向真理的方式。"

4.2.2　新闻自由的确立与实践

美国国会于 1789 年制定宪法修正案,即《人权法案》,共 10 条,保障了言论自由。在托马斯·杰弗逊的民主思想中,新闻自由思想占有重要地位。他率先提出并积极努力为新闻自由立法。他认识并正确指出了新闻自由在行使民主监督方面

的作用,深刻阐述了新闻自由对探索真理的意义:
"我们的第一个目标是给人们打开所有通向真理
的道路。迄今为止,找到的最好的办法是新闻自
由。"他认为"打开通向真理的门户,巩固用理性来
检验每一件事情的习惯,是我们能传给我们的继
承者的最有效的约束物,以这种约束来防止他们
用自己的意见来约束人民"。在他的思想影响下,
新闻媒体的地位被视为在立法、行政、司法三权之
外的"第四权力"。

4.3　新闻自由主义的现状

新闻自由主义理论在后来的实践过程中受到
诸多挑战与批评,人们也发现新闻界存在各种问
题。新闻传播业商业化、集中化,新闻界滥用自
由,侵犯公民权利等,引起人们不满。1947 年,以
哈钦斯为首的美国新闻自由委员会在广泛调查后
递交了报告《自由而负责的新闻事业》,提出"社会
责任论",对新闻自由主义理论作了修正。社会责
任论的理论前提是:人的理性不完美,仅靠辩论不
可能得到结论。人有时难以从无休止的意见交锋
中摆脱出来,公众中也很少有人专门寻求否定自
己观点的反面意见。所以,报刊的社会责任是把
社会矛盾从混乱、纷扰的层次提高到讨论的水平,

以增进社会的和谐共振。社会责任论对"自由"有新的认识,认为自由必须是有条件的。新闻责任论者认为:新闻自由是有条件的。这个条件是在宪法所保障的言论自由权的基础上坚持道德的义务。

4.3.1 新闻自由案司法判例

在涉及新闻自由的案件中,最典型的是 1960—1964 年《纽约时报》诉警察局长沙利文案。

该诉讼案发生在 20 世纪 60 年代美国民权运动风起云涌的时期。1960 年 3 月,《纽约时报》刊登政治广告——《关注他们的呐喊》,列举了马丁·路德·金博士及其追随者在南方经历的种种不幸遭遇。蒙哥马利市警察局长沙利文认为广告陈述的事实有几处不实,向州法院提起了诽谤诉讼,要求《纽约时报》和刊登广告的人支付巨额赔偿金。亚拉巴马州法院赞同原告提起的诽谤指控,陪审团同时判定被告缴纳 50 万美元罚金。亚拉巴马州的最高法院维持了州法院的判决。

两审失利后,几乎被各地官员相继提起的索赔逼至绝境的《纽约时报》,奋起上诉至联邦最高法院。"这场冲突将威胁到《纽约时报》的生存,也危及媒体报道重大社会议题的自由,乃至公众的知情权。"四年后，九位大法官在"《纽约时报》诉沙利文案"中力挽狂澜，宣布"对公共事务的讨论应当不受抑制、充满活力并广泛公开"，维护了媒体、公民批评官员的自由。布伦南大法官指出本案的价值在于"公共官员因其公务行为受到批评——这种批评正是宪政制度为了限制政府权力而保护言论与表达自由的反映"。

　　《纽约时报》诉沙利文案是美国历史上维护公众和媒体的言论自由的里程碑案件，影响深远。

5 客观主义理论

客观主义理论脱胎于自由主义报刊理论，或者说，客观主义理论是自由主义报刊理论应有的题中之义。

新闻的特点，一是迅速，二是真实。真实与客观紧密相关。从新闻业发展的源头上说，报纸的雏形如"单张小报"，主要反映战争、瘟疫、自然变化等最新变动的重大事件，在有限的篇幅内将事件的诸多要素表现出来是必须的。如 5W，这种信息不以人为因素而变换，可以如实记录。所以"客观地"反映事实是新闻的原始品质。

尽管新闻的客观性饱受争议，"但也不可否认，它在西方主流新闻业中一直扮演着某种类似'圣杯'的角色"。客观主义理论在美国产生、发展，影响及西方各国的新闻界。

5.1 客观主义理论的历史

客观主义理论是随着美国新闻事业发展而产生、发展的。新闻的客观主义理论是在报业从"政论模式"向"信息模式"转变的过程中产生的,它迄今仍是西方新闻界流传最广、影响最大、争议最多的基本理论。

客观性在新闻业的确立有一个过程。早在17世纪荷兰的"科兰特"并不考虑"客观性"的事情,记者以乱写一气的形象而被贬低。法国更早时期的"小报"是"假消息"的同义词,18世纪哲学家如伏尔泰等看不起报纸,认为是无知而有祸害的。客观性直到19世纪90年代还是没有被确立为一种实践和理想,同时客观性一词也少被新闻专业的杂志提起。客观性被确立为一种实践或理想是20世纪20年代之后的事。虽然在之前的报刊和教科书也提出"客观""不偏不倚"等原则,但客观性成为实践准则和职业理想的,则是19世纪30年代便士报产生后的事。

5.1.1 政党报纸时代——"最黑暗的时代"

美国独立革命成功后,杰斐逊和汉密尔顿的建国理念很不相同,支持二人的各方形成了不同

的两派。两派力量后来分化为支持汉密尔顿的"联邦党"和支持杰斐逊的"反联邦党"。两派各有自己的报纸作为论战的武器。联邦党的报纸《合众国公报》由芬诺主编;反联邦党的报纸有本杰明·富兰克林·贝奇创办的《曙光女神报》。贝奇是本杰明·富兰克林的外甥。他反对联邦党人,以人身攻击的手段大肆抨击,甚至骂华盛顿:"如果说曾经有人败坏过一个民族的话,那么华盛顿已经败坏了美利坚民族。"作为报复,联邦党人砸烂了《曙光女神报》报社,并且殴打了贝奇。

这些政党报刊,一以言论为主,二经济不独立,三宣传至上。政治性报纸侧重对全国性政治内容的报道,"政论模式"占主导地位。财源主要来自政党、有志竞选公职的候选人。这些资助者主导了社论的方向,有时甚至自己写社论。这不能算是欺骗,因为在当时这是众所周知的常态。

政党报刊的社论,党派立场鲜明、煽动性浓重、火药味十足。客观性让位于党派性,报纸沦为党派斗争的工具,政党报纸是"观点纸"而非"新闻纸"。政党报刊时期被新闻史家莫特称为是"最黑暗的时代"。

5.1.2　便士报时代

19 世纪 30 年代开始的便士报时代,"在原来不偏不倚的起点上有了进一步拓展,开始发现并找到了自己职业的立足根基:报道事实,开启显露社会真相的窗口。"便士报之所以不顾一切地追求准确和真实,就是为了与党派政治行为唱对台戏。便士报售价低廉,发展势头迅猛,开启了美国新闻业的新模式。

便士报的特征是:(1)以新闻为主。便士报以传播新闻为基本职能,以充分满足社会的信息需求为生存前提。(2)经济独立。"便士报"售价一美分,首次将新闻作为普通人的消费品推向市场。(3)政治中立。中立的态度才能取得各方的关注,使销量不受影响。便士报时代,"信息模式"取代了"政论模式",在新闻理论及新闻实践两方面占尽优势。

首张成功的便士报是1833年本杰明·戴创办的《太阳报》。戴的办报思想很明确:一是刊载新闻;二是置于公众之前,即为公众服务;三是传播广告。其售价低廉,每份四版,只售一美分。1835年贝内特创办的《纽约先驱报》,抛弃了党派偏见,强调报道国内外新闻。1841年霍雷斯·格里利创办《纽约论坛报》,"他带领大众化报刊从煽情主义的低俗水平,上升到促进文化和启迪思想的地位,同时还能实现赢利"。1851年,曾在格

里利的报纸做过第一任主编的亨利·雷蒙德创办了《纽约时报》,确立了客观公正、认真、准确的报道原则。《纽约时报》开启了新闻的"信息模式"。"新闻业的信息模式都与公正、客观、审慎、冷静这些词汇联结在一起。"1896 年经营不善的《时报》被阿道夫·奥克斯买下。奥克斯继续秉承做高水准新闻的理念,将其打造成严肃高级报纸的典范。

5.1.3　客观主义理论的产生

其产生原因首先在于启蒙。有学者提出,便士报之前的劳工报刊,接受启蒙运动的政治遗产,声称公正无私地报道世界原貌,不因个人或集团私利而歪曲,以服务于全体公众或所有市民。这可以看成是客观性的雏形,或者新闻客观性的最早版本。后起的便士报,正是打着劳工报刊这面旗帜来赢得读者的。便士报这种保护自然权利和公共利益的追求,是建立新闻客观性结构的持久性基础。

在经济上,便士报与政党报刊依赖政党的支持不同,它在经济来源上摆脱了政党或集团控制,这样就可以保证政治立场的独立性。"事实成为新闻业衡量并指导报纸实践的标准,而且他们都普遍相信,这样的事实就是'真相',至少是真相的一个部分。"到 20 世纪 20 年代之后,"客观性"被确立为一种实践或理想。

从启蒙理性,到为公众说话,顺应了社会状况的发展历史,用美国新闻史学家舒德森的话说,这是 20 世纪 20 年代和 30 年代对民主市场危机的一种回应。便士报的发展以及对新闻的追逐,为客观性观念的产生奠定了一个重要的基础。除此之外,客观性能保护新闻业自身的发展。

5.2 客观主义理论的内涵

5.2.1 新闻报道的最终目的是客观地反映现实

现实不仅能被反映,而且要以其本来面目得以呈现。《纽约时报》的创办人亨利·雷蒙德说"一张日报应该按照本来的面目准确地反映这个世界"。《芝加哥论坛报》的霍勒斯·怀特说,"公共报刊向读者提供的最崇高的服务是鼓励他们形成独立的意见"。客观主义理论认为,报纸如同一个纽带、中介,通过它将公众或读者与外部世界连接起来。新闻报道将世界如实地呈现在公众面前,让读者独立完成对外部世界的判断。

5.2.2　前提：事实和意见是应该而且可以完全分离开的

事实与价值是两个范畴。事实是客观存在的，具有不以人的意志为转移的客观实在性，具有主观能动性的人可以去反映它，描述它。而价值是以人为尺度的对客观事物的评判与估量，是个人意愿的主观表达，具有一定的倾向性。事实的客观和人的主观是两个范畴，不能混淆。"客观性的信念是对'事实'的信任，是对'价值'的怀疑。同时又赞同将两者分离。"所以，客观主义理论的前提认为事实和意见应该而且可以分开。

5.2.3　宗旨：报纸服务公众的手段应该是提供客观事实，而不是宣传主观价值

提供客观事实成为新闻事业的最高宗旨。施拉姆说："我们认为所有的男男女女都必须有某种圣杯之物，都必须有为之奋斗的某种事业，都必须有即使不能使之完善无缺，但仍须为之竭尽全力的某种东西。对新闻工作者而言，圣杯应当是客观性法则，如果他缺乏这些东西，其身份就会贬低，结果就可能使其职业遭到灭顶之灾。"

所以，现在可以对什么是客观性做这样的回答：客观性是要求事实与价值分开的一种专业信

念和道德准则,它是在意识到新闻报道中的"主观"之后逐渐形成的。

5.2.4 客观主义理论面临的挑战

随着社会生活日益复杂,技术的不断演进,客观主义理论逐渐暴露出其弱点。既有来自理论内部的原因,又有外部新闻生态变化带来的挑战。

5.2.4.1 理论上的缺陷

在实践中,新闻组织是社会中的一部分,需受到外在环境的影响和制约。

如受到各种各样外在因素的控制。阿特休尔著的《权力的媒介》一书的基本观点是:一切媒介都不是独立的、自为的。媒介历来都是受到某种权势控制的工具。摆布传媒的权势有宗教的,也有世俗的,既可能是政治上的党派,也可能是经济上的财阀。他主张新闻媒介的内容主要是由财源决定的。新闻自由主义的理论认为政府不得控制新闻业,但政府不仅可以制定管控新闻媒介的法规,通过议程设置来与新闻机构周旋,使事实复杂化。

所以,在客观主义理论产生的年代,社会的政治、经济利益关系还没有垄断资本主义时代那么复杂,危机的深度广度也没有后来暴露得那么充

分,传媒技术远没达到后来那么先进。之后的实践中,逐渐显示客观主义理论本身的弱点。

5.2.4.2 实践中的挑战

第一次世界大战,美国由中立国变为参战国。美国的新闻界从业者在战争中直接动摇了其客观主义理念。在战争中,第一个牺牲的就是真相。媒体成为替政府宣传的工具。著名评论家、报人沃尔特·李普曼以上尉军衔出任陆军部长助理,负责战时的消息控制发布工作。战争结束后,李普曼著的《公众舆论》一书,对新闻的真实性并不认同。认为新闻所反映的外在环境只不过是人们头脑中的图景,是大众媒介经过选择、加工,重构以后的"拟态环境"。

20世纪初兴起了公共关系业,它在社会的各个层面持续地产生影响,对新闻客观性的威胁不容小觑。公共关系是指某个组织为取得公众的了解与支持而进行的信息沟通、自我宣传等社会活动。一定程度上,公共活动就是利用媒介的宣传活动。第一代公关代理人艾维·李曾是《纽约时报》的记者。公共关系对客观主义理论的威胁在于:在新闻实践的实际操作中,客观报道手法不如以往那样简便有效了,主观倾向时刻可能渗透在报道中而不被人察觉。由此，客观性原则也受到根本性怀疑。

5.2.4.3 "后真相"时代

沃尔特·李普曼在《公众舆论》中认为新闻和真相并不是一回事，新闻的功能只不过是使某个事件更加突出，或使人们知晓而已。他并不认为新闻如镜子一般是对外在现实的真实反映，"报界像一束探照灯的光柱不停地移动，从黑暗中把场景逐个地暴露出来"。"如果把广告、频繁进出报社的公关人员、报纸自身的价值判断、操作惯例，以及社会集团的操纵等等包括进去，探照灯下的事件是否必要、必看也成问题，更遑论什么真相。"

客观主义遭受质疑，新闻反映真相的观点遭到否定。"后真相"的说法逐渐进入人们的视线。1992 年，"后真相"首次被美国《国家》杂志用以描述"水门事件"、"伊朗门丑闻"和"海湾战争"等事件的共同特点。2008 年克林顿竞选时利用社交媒体积极为自己宣传造势。2016 年特朗普竞选美国总统，相当熟练地应用社交媒体如 Twitter 作为自己信息的发布平台，释放各种信息，引起强大关注。

2017 年，后真相这个词被提及。《经济学人》

发表长篇文章《谎言的艺术》,讲述在美国总统竞选过程中竞选人特朗普所代表的"后真相社会"。在这里,真相并不是最重要的,人们注意的是感觉。"后真相时代"已然来临。《经济学人》杂志几乎将"社交媒体时代"等同于"后真相时代"。

6 西方的新闻报道

西方的新闻报道有一个从不客观到客观化的过程。"客观性"写作原则被西方媒体推崇备至。在这个总体原则下,西方新闻写作花样纷呈,体裁创新,别具特色。这里重点介绍客观报道、解释性报道和特写。

6.1 客观报道

"客观报道作为新闻行业的工作观念和新闻形式,其形成被认为是新闻写作的一次根本性变革,它的意义在于确立了新闻文体的独立性以及新闻行业的专门化。"西方新闻的客观性报道积累了丰富的经验。客观性写作有明确的写作要求,执行方面具有很强的可操作性,并已成为一种常规的惯例。

6.1.1　基本特征

6.1.1.1　注重事实

注重事实是因为:新闻传播的目的是满足受众的信息需求,而客观又是新闻的必备特征,因此事实本身对新闻报道而言是重要的,事实是新闻信息的主体。"当新闻工作者谈到客观性的时候,他们的意思是,新闻应当不受记者本人观点的约束,而应当主要根据看到的事实。"新闻报道的客观性要求报道与事实相符,客观报道就是试图真实地呈现事实与摹写现实。其典型的结构是"倒金字塔"结构。

6.1.1.2　事实和观点分开

客观报道最有效手段是交代清楚观点是由何处发出的。

例如,英国《金融时报》的克里斯蒂安·奥利弗报道金正日逝世。

朝鲜最高领导人金正日(Kim Jong-il)逝世,从而将确保这个贫穷且拥有核武装的国家稳定的责任,压在了他经验不足的小儿子身上。

一位身穿黑色服装的朝鲜电视台新

闻播音员周一宣布,70 岁的金正日于上
周六在外出视察途中,由于身心过度劳
累,在列车上逝世。

在 2008 年被外界怀疑罹患中风后,
金正日的身体明显变得虚弱起来,他素
以热爱美食和名酒而闻名。

此后,他匆忙将他还不到 30 岁的小
儿子金正恩(Kim Jong-eun)指定为接班
人。这位所谓的"青年将军"现在面临的
挑战是,让这个高度军事化、正遭受着慢
性营养不良和电力严重短缺的国家团结
在一起。

这则新闻所述的事实,基本上是有新闻来源
的。其他的都是客观事实,绝少作者自己的主观
评论。

6.1.1.3 避免记者的主观倾向

要求如下:

(1)记者在选择事实时不以自己的价值观念
和兴趣偏好为标准,要尽量避免个人主观判断影
响对事实的了解、认识。下面比较两则报道:

1998 年 7 月 8 日,在第 15 届世界杯足球赛的半决赛中,法国队与克罗地亚队的半决赛,战至下半场第 22 分钟,法国队核心后卫布兰科因击打克罗地亚队前卫比利奇的脸部而被罚红牌下场,法国队不得不以 10 人应战克队 11 人。(原报道)

法国队与克罗地亚队的半决赛,战至下半场第 22 分钟时,克队前卫比利奇捂着脸倒在地上。裁判判罚法国队后卫布兰科击打比利奇脸部而出示红牌,把布兰科罚出场外,法国队不得不以 10 人应战。(客观报道)

这两则报道反映法国队与克罗地亚队比赛的新闻中,原报道"击打"一词显得主观,后一则报道用描述性的"捂着脸倒在地上",是客观情况的反映。

(2)记者尽量避免在报道中去作判断和推理,要在事实的自然叙述中合乎逻辑地得出结论。例如:

【法新社伦敦 8 月 7 日电】中国偶像级田径选手刘翔今天在 110 米栏预赛中

摔倒出局,在奥运会上再次遭受痛苦。

4 年前在本国观众面前退出比赛,今年 29 岁的刘翔在跨越第一个栏架时,左脚踩到栏架,摔倒在地。

但这名在过去一个月中一直受到背伤和脚伤影响的前奥运冠军最终站了起来,单足跳向终点,并受到其他选手的拥抱。

刘翔在 2008 年北京奥运会上赢得金牌的梦想也没有实现。当时,他因右脚跟腱伤病退赛。

在 2004 年雅典奥运会平了当时由科林·杰克逊保持的 12 秒 91 的世界纪录并夺得金牌后,他的职业生涯一直受到伤病困扰。

他此后继续参加各项赛事,创造了 12 秒 88 的新世界纪录,并在 2007 年获得世界冠军,但一系列伤病对他影响巨大。

在这则报道中,作者基本在展现刘翔受伤病困扰影响成绩的事实。

(3)记者在报道中不得感情用事。西方媒体写作要求"告诉读者们事实,让他们自己来判断"。

2001年,"9·11"事件爆发,《纽约时报》第二天的头版报道题目有一个细节。题目是《恐怖的一天里,被劫客机同时击中双塔楼和五角大楼,总统发誓要严惩"恶魔"》。"恶魔"一词是打引号的。

(4)记者不得加入自己的观点和意见。《美联社日志》要求不要去说:"乔治·华莱士神经紧张。"要像某一篇稿子那样描写:"在一次40分钟的飞行中间,他嚼了21根口香糖,他洗了一副牌,数了数,又洗了一遍。他看了看头上和脚下的云彩,系紧安全带,又把它松开了。"例如:

【美联社(1945年)8月14日电】日本投降了!

1945年8月14日,美国杜鲁门总统宣布,日本已无条件投降。

美联社在抢发这条爆炸性的新闻时,导语非常地干脆利落,没有任何的主观判断。这条短而有千钧之力的导语,当时就被新闻界公认为"最佳导语"。

6.1.2　客观报道的写作规则

李普曼认为,实践客观性原则的基本方法是科学,新闻报道只有采用类似科学研究的精确方法才能达到客观性。

6.1.2.1　准确是客观报道的最主要目标

（1）记者应该有一种开放的观念。他们应该接触各种各样的观点和意见，他们应该倾听那些他们本人不赞成的想法。

多数美国人对中国印象良好

【路透社纽约 12 月 1 日电】昨天公布的一项民意测验结果表明，美国人对中国印象好转了。

盖洛普组织作的这次民间测验表明，在接受调查的人当中，53％的人对中国印象良好，39％的人对中国印象不好，8％的人没有表态。

这次测验的结果与上次类似的测验相比来了个 180 度的大转弯。在上次测验中，54％的人对中国印象不好，34％的人对中国有好印象。这次测验还表明，大多数美国人相信，中国会成为它所在地区仅次于日本的经济强国。

这次测验是在 11 月 15 日到 16 日通过电话与 1008 位成年人以访谈的方式进行的。抽样误差幅度为 3 个百分点。

　　盖洛普在公布这次测验结果的同时还宣布,该公司已开办了一个研究中国市场情况的子公司。这是调查这个世界上人口最多的国家的市场情况的第一家西方公司。

　　盖洛普说,它不会利用这个新公司去调查中国人对本国政治领导人的意见。

　　(2)注意细节的准确。欧逸文在为《纽约客》撰写的《中国铁老大》中,写道:

　　　　刘志军是农民的儿子,个子瘦小,视力不好,牙齿天包地。他在武汉郊外的村子里长大,十几岁就离开学校工作,手里拿着锤子和测量仪,沿着铁轨走,检查路况。

　　这一段文字中有许多客观的细节,让报道生动具体,说明对象的真实身份。

　　(3)直接观察。例如:

丘吉尔辞职

【合众社伦敦 1955 年 4 月 5 日电】

　　丘吉尔——"血与泪"现在已成为他

的光荣历史的一部分——今天流着泪辞去了英国首相的职务。

......

他在唐宁街下车，不自然地向成千上万的群众挥动他的雪茄。他们不断地欢呼着。"好人老温尼"，他们拼命这样叫，希望他讲话。

这位老人脱掉了他的大礼帽，光着头站着。他的左手拿着雪茄，嘴唇上勉强挂着微笑。这时，他们大叫："讲话，讲话。"

他似乎迟提了一会儿，接着他摇摇他的老脑袋。虽然这样，他的右手渐渐举起来用手指以 V 字作为胜利的标志时，他的脸上显示出战争年代的满怀信心的表情。

他的眼睛水汪汪的，泪水越聚越多。他转过身来，慢慢地爬上那两级宽广的石级，走进了有钥环的唐宁街 10 号的大门。

(4)对于第二手材料，把握消息来源至关重要。关于消息来源。《美联社凡例》对使用引言定

了很高的标准：尽可能避免转述累赘的语言。在语境中使用引言，以显示一句评论是为了表示幽默或推测。不要为纠正语法或用词不当而修改引言。不要用俚语的书写形式。

注明消息的来源。Tuchman 把"合理使用引号"当作客观性的标志之一，认为它是一种新闻记者提出证据的方式，以便能在报道中保持客观，让事实自我表明。再以欧逸文为《纽约客》撰写的《中国铁老大》为例：

> 刘的万丈雄心和张扬作风为他赢得了"刘跨越"的绰号。为了赶在 2008 年内完成第一条高铁线路，他赶着手下的工作人员和工程师日以继夜轮班工作，铺设轨道、修改图纸、开挖隧道。他喜欢说："牺牲一代人，实现大跨越。"（有些同事叫他刘疯子。）官方新闻大力宣传一位名叫忻力的工程师，因为他在电脑前坐得过久，左眼几近失明。（"我就是失去一只眼睛也要工作。"他对记者说。）

暗示新闻的来源。为了保护某些人或加强新闻的可信性，记者可以有目的地不涉及出处。

丁书苗来自山西农村,是个目不识丁的农民,起初以养鸡卖鸡蛋为生。她身高1.78米,肩膀宽阔,讲起话来像汽笛。在20世纪80年代,当邓小平将这个国家转向市场经济时,她收购邻居们的鸡蛋,到县城去卖。当时,这种行为在没有执照的情况下是非法的。鸡蛋被没收了。多年之后,她还时时谈起遭遇过的困窘。后来,她适时地开了一家小餐馆,生意很好,她给有权的客人免单,吹嘘自己的成功。"如果她有一块钱,她会说有十块。"丁书苗的一名长期同事告诉我,"这让她看起来更有影响力,慢慢地,人们开始认为,他们能从与她的友情中受益"。

记者对所有议论性的材料务必交待出处。

"书苗"这个名字显示了她的农村出身,所以在风水顾问的建议下,她改名为"羽心"。她很容易受到嘲笑——人们叫她"傻娘"丁夫人——但她是个培育业务关系的天才。她的一个长期同事告诉我:"当我试图教她如何分析市场、如何经营

公司时,她说:'我并不需要了解这些。'"
财新网记录了她大胆的高攀之举。……
据《环球时报》报道,丁书苗于 2011 年 1
月因涉嫌收取回扣总额达 6700 万美元
而被羁押。

一般认为,将引言和信息出处编织进新闻报
道,会使新闻报道获得生命力和可信度。新闻报
道中,有些新闻源不方便交代。《华盛顿邮报》在
关于水门事件的报道中,那些令尼克松总统辞职
的新闻报道依靠的是匿名的新闻源。当时一个不
方便透露姓名的新闻源,作者称之为"深喉"。"深
喉"成为匿名新闻源的代称。

6.1.2.2　清楚

(1)保持简单。如句子结构和词汇的简单。
《华尔街日报》要求"让字和句抓住眼球",它认为
"如果他的打字机中蹦出的尽是一些诸如'问题、
情况、反应或者利益'这样的抽象名词,他应该立
刻停下来,问问自己能不能用更具体、更形象的词
语来取代这些抽象词语。"要求记者"遣词造句的
第一步是正确地使用语法、句法,以及正确运用词
语。"比如要仔细审视名词,惜墨如金。

（2）避免行话术语。大众媒体的受众是大众，不是专业人士，《华尔街日报》的写作要求是打破常规，要有交谈感。比如下面一则新闻是这样的：

> 巨大汽车公司，曾经筹款 20 亿美元作为一款跑车的开发成本，上个月该公司中止生产该跑车，原因是该公司把此款车的销售状况标注为"远远低于最低的期望值"。

《华尔街日报》认为应该这样写：

> 曾经投资 20 亿美元开发一款跑车的巨人汽车公司，于上月停止生产该车。销售太糟了，公司说。

（3）详细和精确是对叙述事实的要求。《华尔街日报》告诫道："一定要记住，如果读者问的是时间，你不用告诉他们钟表制作原理。"该报的叙事是这样的：

> 迈克 28 岁，是华尔街一家大公司的证券交易员，好的年景能赚 10 万多美

元。他喜欢自己的工作。他喜欢他的毒
品,通常是在下班的时候,有时也在上班
的时候。

他声称自己并没有沉溺于这种昂贵
的白色粉末,他只是享受毒品给他带来
的无限权力感。迈克的大部分毒品是自
己购买的,但偶尔那些股票经纪人也会
把一两克可卡因作为礼物送给他,为了
维持他们的友谊,当然也是为了维持他
们的生意。

6.1.2.3 简洁

用最简洁的语言和叙述方法来撰写新闻报道。

(1)抓住要点。如 5W1H,即新闻的时间、地
点、人、事情、原因、如何。在导语中,会全部或部
分出现这些要素。

1945 年 8 月 14 日,美国杜鲁门总统宣布,日
本已无条件投降。美联社在抢发这条爆炸性的新
闻时,导语更是干脆利落:日本投降了!

也可以用绘声绘色的描写表现主题,用简洁
的语言表现事实:

　　……就在她说话的时候,一只大胆
的老鼠蹑手蹑脚地向破旧走廊里的一小
袋玉米窜去。她的公公立刻抓起一把扫
帚,朝入侵者的头部猛击,"总算少了一
张吃饭的嘴"。他边打边说。

　　(2)避免叙述和用词的重复。《华尔街日报》
认为,"太多的数据无异于毒药"。法新社 1982 年
在联合国发的一条电讯稿导语:

　　如果把联合国去年在纽约和日内瓦
印刷的全部文件首尾相连排列起来,总
长度将达 27 万公里。已卸任的一位联
合国高级官员说,照此计算,联合国文件
逐页铺起来两年内即可到达月球。

6.1.2.4　平衡

　　客观报道时,要同时给持不同意见的各方以
平等的地位。麦尔文·曼切尔在《新闻报道与写
作》中认为,平衡是报道要素之一,认为新闻报道
必须平衡而公正,须把矛盾中的方方面面都呈现
出来。他认为平衡是:"尽可能给每一方,尤其是

受到指证的一方说话的机会。"这意味着公正,记者在报道中应尽量照顾到来自各方的观点,避免任意站在争论的一方,这样才能保持新闻媒介的客观立场。

【新加坡《联合晚报》4 月 7 日香港特讯】随着一阵乱枪,许文强倒在血泊中——这部以描写旧上海为题材、长达 25 集的香港电视连续剧,终于在 5 日演完了。

自上海电视台以两个频道日夜播映以来,男女老少追着看,甚至发生商店营业员为了要看《上海滩》,把顾客轰出去早关店门的事。许文强、丁力、冯敬尧、程程——现已成为广大上海市民熟悉的人物。

不过,上海人的观感各别,褒贬不一。

赞扬此剧的人认为,《上海滩》揭露了旧上海十里洋场的黑暗与罪恶,温故可以知新。有位观众说:许文强从一个追求进步的大学生堕落成为黑社会的风云人物,正说明旧上海是个腐败肮脏的大染缸。这样从反面揭露有时比正面教育更有效。也有人从艺术角度来赞扬《上海滩》，认为情节安排富有悬疑。引人入胜，令人印象深刻。

对周润发、赵雅芝、刘丹、吕良伟等人的演技赞叹不已，所演人物真实自然，不像内地某些影视剧那样概念化、脸谱化，好人、坏人，小孩子一看都知道。

但持批评意见的人却认为此剧格调不高，情调低，描写的只是些交际花、刺客、打手、流氓之间的恩怨情仇、凶杀谋害的场面，没有积极意义。

由于剧中对许文强等人物有些同情甚至偏爱，对今天的年轻人可能会产生消极的社会影响。有些"老上海"则认为，剧中人物、事件和社会环境都不像当年的上海滩。本世纪20年代，上海帮派林立，黑社会势力猖獗，是和当时中国社会的内外矛盾和各种政治势力的矛盾紧密相关的，这点在剧中却很少触及。剧中人的环境、发型、服装乃至言语，没有20年代上海的特点，因此有人说，这部电视剧改名《香港滩》倒更合适些。

一些文艺界的人认为《上海滩》虽有

吸引力,但艺术水平是肤浅、粗糙的,故
事并无新意,还是英雄美人式的恩仇记。

这篇报道从赞成和反对两方面的意见来报道
《上海滩》的观看效果。

6.2　解释性报道

6.2.1　起因及发展

解释性报道起源于美国,是 20 世纪 20 年代
末美国经济危机的产物。当蒸蒸日上的美国经济
突然遭遇股市崩盘、银行倒闭、工人失业的经济危
机时,人们迫切需要了解这一切背后的原因是什
么。当时著名的政论家李普曼敏锐指出:"各种事
件接踵发生,而这些事件本身似乎是毫无意义的。
于是,一个'为什么'变得与'是什么'同样重要的
时代开始了。"

开创解释性报道的媒体是《时代》杂志。《时
代》开辟"每周新闻综述",为忙人提供一周发生大
事的综述持续至今。解释性报道的发展,其主要
原因是日趋复杂的现实和令人眼花缭乱的现实变
动。《时代》杂志采写全世界的新闻,用清晰的思
路把纷繁复杂的信息凝聚在杂志文章中。

1933 年,美国报纸编辑协会通过决议,承认

并强调对新闻的解释和分析,解释性报道的称呼及地位得以确立。到20世纪50年代,这种报道方式在美国报业真正得以立足。60年代,美国国内的局势动荡起伏,需要解释性报道对形势进行解释。社会责任论当时被广泛接受,为解释性报道提供了理论上的支持。广播电视媒体迅猛发展,解释性报道能使报纸扬长避短。至此,刊登解释性报道已成为大型主流媒体,如《纽约时报》《华盛顿邮报》《华尔街日报》的日常业务。

6.2.2 解释性报道的基本特点

所谓解释性报道,就是运用背景材料来分析一个新闻事件发生的原因、意义、影响、发展趋势的一种新闻报道。

解释性报道与客观报道有三个方面不同。客观报道主要报道事实,解释性报道更进一步,注重新闻事件背后的真相。写作手法上,与客观报道采用平铺直叙,少介入感情不同,解释性报道在提供背景材料时必须夹叙夹议。解释性报道相对更多主观性,显示主观倾向,客观报道则"用事实说话"。

解释性报道与评论也有区别。评论有对新闻事件的来龙去脉、原因、结果、影响、趋势等进行观点的展示,评判事件的利弊、得失、好恶等。评论

与解释性报道不同。评论采用的是逻辑推理,摆事实、讲道理的方法,对新闻事件的分析立场明确、观点鲜明,是基于事实基础上的推理评判。解释性报道是基于新闻事实的报道呈现,对某个事件的分析采取提供大量的背景材料,作者用夹叙夹议的方法显示自己的观点、看法,不一定明确表达出来。作者的倾向性可以在大量的新闻事实呈现中让读者揣摩感知出来。

6.2.3　解释性报道的写作要领

一般来说,解释性报道适合于复杂的重大题材,对关系国计民生的重大事件进行报道。报道国家一项新的方针政策或措施,不仅要解释"什么",而且要报道"为什么"和结果等。对突发的较重大的政治、军事等事件,除了及时发出动态消息外,还要揭示事件的意义,帮助读者了解前因后果。报道重大的科技成果,尤其是尖端科技,应指出对人类生活的影响;报道经济领域和其他社会生活中出现影响较大又涉及广大民众切身利益的新情况、新问题等。

6.2.3.1　解释性新闻报道的侧重点

(1)着重揭示新闻事件的含义,对方方面面的影响。例如:

　　据《中国产经新闻》10 月 30 日报道，一些外经贸专家近日认为，如果局势不再进一步恶化，今年我国外贸出口持一定增长是完全有可能的。但是，从中长期来看，我国对外贸易所受的滞后影响不可低估。刚刚结束的广交会，出口比上届下降了 15.4％，其中对美国的成交下降了 22％，对海湾 8 国的成交下降了 55％。广交会历来被认为是中国外贸形势的"晴雨表"，从广交会可以看出，明年出口面临的不确定因素在进一步增加，遇到的困难会比今年更大。

　　(2)揭示新闻事件发生的原因，深挖新闻背后的新闻，搞清来龙去脉。

　　(3)从"明天"的角度来分析新闻事件，展望新闻事件的发展趋势以及对未来的政治、经济、社会发展的影响。

　　(4)把单一的、孤立的新闻事件与其他事件联系起来，揭示其发展的方向、趋势、意义。《不当房奴——中国中产阶级的心声》一文以深圳某高科技工厂经理 David Huang 一家艰辛的购房经历为例，透视了房价过高这一民生问题。文章写道：

多年来，Huang 和他的妻子一直在存钱准备买房，希望让儿子有一个更大的活动空间。他们的儿子今年七岁。

去年年底，他们攒够了可以买一套三居室住房的钱。但是 Huang 说，他工作很忙，将签约买房的时间一拖再拖。结果他的拖延让他付出了巨大的代价。他坐在一家咖啡厅里，手指着天花板说，1 月份到现在这套房子已经涨价 40%。

或大量采用文学笔法来报道现场，用比喻、对比等修辞手法，使解释性报道有一种吸引人读下去的魅力。《北京城市建设的幕后英雄》在描述建筑工地农民工生活场景时是这样写的：

他们在有限的空间里充分发挥着创造力，把铺盖卷起来，将下面的床板当作桌子试用。厨师温凤林（译音）灵巧地用这个地方切菜和削洋葱皮，从旧水桶中舀水冲洗食物和餐具。

又如《中国赤脚医生打响环境保卫战》一文，在描写受害人之一的村民徐石莲（译音）时写道：

　　　　她掀开衬衣,让记者看到了腹部一道手掌长的疤痕,这是去年手术的结果……她无精打采地卖着商品说道,就算得到了这笔钱也太晚了,不够治病,不够让她恢复健康……她每个月会到张长健(译音)的诊所注射两次止痛药。

6.3　特写

　　特写,又称特稿,是一种带有创作性的,有时也带有主观性的文章,旨在给读者以精神享受,并使他们对某件事、某种情况或对生活中的某个侧面有所了解。

　　特写是相对于“直写”即一般的新闻报道而言的。“除新闻报道之外的任何报道都是特写。”特写具有题材不限、形式多样、写作技巧丰富的特色。

　　这里介绍两篇特写,二者形式不一,借以表现写作手法丰富的特性。

　　例一:《奥斯维辛没有什么新闻》是“美国新闻写作中不朽的名篇”,作者罗森塔尔。

　　　　从某种意义上说,在布热金卡,最可怕的事情是这里居然阳光明媚温暖,一行行白杨树婆娑起舞,在大门附近的草

地上,还有儿童在追逐游戏。

这真像一场噩梦,一切都可怕地颠倒了。在布热金卡,本来不该有阳光照耀,不该有光亮,不该有碧绿的草地,不该有孩子们的嬉笑。布热金卡应当是个永远没有阳光、百花永远凋谢的地方,因为这里曾经是人间地狱。

每天都有人从世界各地来到布热金卡——这里也许是世间最可怕的旅游中心。来人的目的各不相同——有人为了亲眼看看事情是不是像说的那样可怕,有人为了不使自己忘记过去,也有人想通过访问死难者受折磨的场所,来向他们致敬。

布热金卡在波兰南方城市奥斯维辛城外几英里的地方——世人对奥斯维辛这个地名更熟悉。奥斯维辛大约有12000名居民,距华沙120英里,地处被称为摩拉维安门的山口的东头,周围是一片沼泽地。布热金卡和奥斯维辛一道组成了被纳粹称为奥斯维辛集中营的杀人工厂的一部分。

十四年前,最后一批囚徒被剥光衣

服,在军犬和武装士兵的押送下走进毒气室。从那时起,奥斯维辛的惨状被人们讲过了很多次。一些幸存者撰写的回忆录中谈到的情况,是任何心智健全的人所无法想像的。奥斯维辛集中营司令官罗道夫·弗兰斯·费尔南德·霍斯在被处决前也写了回忆录,详细介绍了这里进行的集体屠杀和用人体做的各种试验。波兰人说,共有 400 万人死在那里。

今天,在奥斯维辛,并没有可供报道的新闻。记者只有一种非写不可的使命感,这种使命感来源于一种不安的心情:在访问这里之后,如果不说些什么或写些什么就离开,那就对不起在这里遇难的人们。

现在,布热金卡和奥斯维辛都是很安静的地方,人们再也听不到受难者的喊叫了。参观者默默地迈着步子,先是很快地望上一眼;接着,当他们在想像中把人同牢房、毒气室、地下室和鞭刑柱联系起来的时候,他们的步履不由得慢了下来。导游也无须多说,他们只稍用手指一指就够了。

　　每一个参观者都感到有一个地方对他说来特别恐怖，使他终生难忘。对有的人来说，这个地方是经过复原的奥斯维辛毒气室。人们对他们说，这是"小的"，还有一个更大的。对另外一些人来说，这样一个事实使他们终生难忘：在德国人撤退时炸毁的布热金卡毒气室和焚尸炉废墟上，雏菊花在怒放。

　　还有一些参观者注视着毒气室和焚尸炉，开头他们表情茫然，因为他们不晓得这是干什么使的。然而，一看到玻璃窗内成堆的头发和婴儿的鞋子，一看到用以关押被判处绞刑的死囚的牢房时，他们就不由自主地停下脚步，浑身发抖。

　　一个参观者惊惧万分，张大了嘴巴，他想叫，但是叫不出来——原来，在女牢房，他看到了一些盒子。这些三层的长条盒子，6英尺宽，3英尺高，在这样大一块地方，每夜要塞进去五到十人睡觉。解说员快步从这里走开，因为这里没有什么值得看的。

　　参观者来到一座灰砖建造的建筑物前，这是在妇女身上搞不育试验的地方。

解说员试着推了一下门——门是锁着的。参观者庆幸他没有打开门进去，否则他会羞红了脸的。

现在参观者来到一条长廊里。从长廊两边的墙上，成排的人在注视着参观者。这是数以千计的照片，是囚徒们的照片。他们都死了——这些面对着照相机镜头的男人和妇女，都知道死亡在等待着他们。

他们表情木然。但是，在一排照片的中间，有一张特别引人注目，发人深思。这是一个二十多岁的姑娘，长得丰满，可爱，皮肤细白，金发碧眼。她在温和地微笑着，似乎是为着一个美好而又隐秘的梦想而微笑。当时，她在想什么呢？现在她在这堵奥斯维辛集中营遇难者纪念墙上，又在想什么呢？

参观者被带到执行绞刑的地下室去看一眼，这时，他们感到自己也在被窒息。另一位参观者进来了，她跪了下来，在自己胸前画十字。在奥斯维辛，没有可以作祷告的地方。

参观者们用恳求的目光彼此看了一

眼,然后对解说员说:"够了。"

在奥斯维辛,没有新东西可供报道。这里天气晴朗,绿树成荫,门前还有儿童在打闹、嬉戏。

这篇特写立意很新,以"没有什么新闻"来表达不想说,最好不要再说残酷的往事等等的复杂心情。奥斯维辛集中营曾经屠杀了 400 多万人,历史已经过去,如今天气晴朗,绿树成荫,这见证了死难的地方,没有新闻就是最好的新闻。这篇文章面对一个特殊的地点场景,用不多的文字达到此时无声胜有声的效果。

例二:《我看见历史在爆炸……》(节选)。作者梅里曼·史密斯。

【合众国际社华盛顿 11 月 23 日电】这是一个十分迷人的、阳光和煦的中午,我们随着肯尼迪总统的车队穿过达拉斯市的繁华市区。车队从商业中心驶出后,就走上了一条漂亮的公路,这条公路蜿蜒地穿过一个像是公园的地方。

我当时就坐在所谓的白宫记者专车上,这辆车属于一家电话公司,车上装着一架活动无线电电话机。我坐在前座上，就在电话公司司机和专门负责总统得克萨斯之行的白宫代理新闻秘书马尔科姆·基尔达夫之间。其他三名记者挤在后座上。

突然，我们听到3声巨响，声音听起来十分凄厉。第一声像是爆竹声。但是，第二声和第三声毫无疑问就是枪声。

大概距我们约150或200码前面的总统专车立刻摇晃起来。我们看见装有透明防弹罩的总统专车后的特工人员乱成一团。

下一辆是副总统林顿·约翰逊的专车，接下去是保卫副总统的特工人员的专车。我们就在这后面。

我们的专车可能只停了几分钟，但却像过了半个世纪一样。我亲眼看见历史在爆炸，就连那些饱经风霜的观察家，也很难领悟出其中的全部道理。

我朝总统专车上望去，既没有看见总统，也没有看见陪同他的得克萨斯州州长约翰·康诺利。我发现一件粉红色的什么东西晃了一下，那一定是总统夫

人杰奎琳。

我们车上所有的人都朝司机吼了起来，要他将车向总统专车开近一些。但就在这时，我看见高大的防弹玻璃车在一辆摩托车的保护下，嚎叫着飞速驶开。

我们对司机大喊："快！快！"我们斜插过副总统和他的保镖车，奔上了公路，死死地盯住总统专车和后面特工人员的保镖车。

前面的车在拐弯处消失了。当我们绕过弯后，就可以看到要去的地方了——帕克兰医院，这座医院就在主要公路左侧，是一座灰色的高大建筑物。我们向左边来了一个急转弯，一下子就冲进了医院。

我跳下汽车，飞快跑到防弹玻璃车前。

总统在后座上，脸朝下，肯尼迪夫人贴着总统的身子，用双手紧紧将他的头抱住，就像在对他窃窃私语。

康诺利州长仰面朝天躺在车里，头和肩都靠在夫人身上。康诺利夫人不停地晃着头抽泣，眼泪都哭干了。血从州长的上胸流了出来。我未能看见总统的伤口，但是我看见后座上一摊摊血斑，以及总统深灰色上衣右边流下来的暗红色血迹。

我已通过记者专车上的电话,向合众国际社报告了有人向肯尼迪总统的车队开了三枪。在医院门前目睹总统专车上血迹斑斑的景象,我意识到必须马上找一个电话。

专门负责总统夫人安全的特工人员克林特·希尔正靠在专车后面。

"他伤势有多重? 克林特,"我问道。

"他快死了",他简单地回答说。

我已记不起当时的详细情景。我只记得一连串急促的吆喝声——"担架到什么鬼地方去了……快将医生叫到这儿来……他来了……快,轻一点"。在不远的地方,还有可怕的抽泣声。

我抄一条小路径直冲到了医院的走廊上。我首先看到的是一间小办公室,这儿根本不像办公室,倒像一个电话间。办公室里站着一个戴眼镜的男人,他正在摆弄一大堆乱七八糟的表格。在一个像银行出纳台那样的小窗口,我发现木架上有一部电话机。

"怎样接外线?"我气喘吁吁地问道。"总统受伤了,这是紧急电话。"

"拨9",他边说边将电话推到我身旁。

我连拨了两次,终于接通了合众国际社达拉斯分社。我用最快的速度发了一个快讯:总统在穿过达拉斯的大道上遭到枪击,总统伤势严重,可能是致命的重伤。

1968年,罗伯特·肯尼迪正在竞选美国民主党总统候选人期间,在一个饭店开会的时候,被一名单枪匹马的持枪者暗杀了。

这篇特写围绕肯尼迪遇刺的一系列事件来展开,文字紧凑,句式短促,把千头万绪的事删繁就简写来,条理清楚,要言不繁。精练简洁的笔墨记录了肯尼迪遭刺杀,副总统约翰逊就任新总统的美国重要历史时刻。

6.4 新媒体时代的新闻报道创新

6.4.1 数据新闻的内涵与案例

在互联网时代,新闻传播技术突飞猛进,新闻报道更迅速、快捷、全面,全球化更深入,文字、图像、音视频融为一体的报道已是专业媒体的选择。数据新闻、注重视频、原生广告、多媒体呈现、社交网络的介入是互联网时代新闻报道的实践特征。

早在 2007 年,西方媒体便开始利用大数据探索新闻报道,最早尝试的是《纽约时报》和《卫报》。2007 年,《时报》成立"互动新闻技术部"。2010年,《卫报》推广"数据新闻"。从此,这个概念被广泛应用,具有里程碑式的意义。2011 年,由英国广播公司、《卫报》《纽约时报》合作的《数据新闻手册》完成,这是全球第一本数据新闻专著。它阐明了数据新闻是什么,生产流程,还详细介绍了数据新闻作品和项目案例。数据新闻是在大数据背景下的新型新闻生产、呈现和传播方式,它以数据为驱动和核心,通过数据搜集、数据处理、数据制作和呈现,来反映世界新近变化的新型报道样式。

2011 年夏,英国发生骚乱。《卫报》曾推出历时一年多完成的有关于伦敦大骚乱的全媒体报道——《解读骚乱》,通过与伦敦政治经济学院合作,采用科学的研究方法对参与骚乱者和受骚乱波及的人群进行研究,获取关于骚乱的第一手材料,包括对与谣言相关的 260 万条 Twitter 信息的数据分析,对数百名研究对象的深度访谈和问卷调查资料的处理,并将之进行分析解读后公布

于众,由此得到的观点也打破了一些人的成见,引发了全社会的广泛关注。卫报的官方网站也因此获得了 2012 年度"数据新闻奖"。在这次报道中,记者们仅搜集、整理、清洗数据就花费将近一年的时间。

在整个 2012 年,《纽约时报》做了超过 60 个互动的信息图,每一张都少不了数据在底层的支撑,并以读者更加容易理解的方式表现出来。例如伦敦奥运会时的"如何赢"系列图片,《纽约时报》用 3D 捕捉技术和动态图片向读者展示金牌和银牌之间的细微差别——这本来是用文字难以清晰说明的部分。而在美国总统大选后,根据"摇摆州"投票数而在图片上描绘出的摇摆线条,颇为直观地表达出这些"摇摆州"在历史上是怎么"摇摆"的。

2013 年,《时报》获普利策奖的作品《雪崩》,被学界和业界评价为"传统媒体向融合媒体转型的最佳范例"。这是一组报道 16 位滑雪者在美国卡斯卡德山遭遇雪崩惨剧的特稿。《雪崩》在时报网站上发布,将文字、音频、视频、动画、数字化模型、卫星模型等融合进一篇立体的互联网新闻报道,颠覆了传统媒体新闻表现的方式。公布于众的 6 天内,获得 350 万次页面浏览。它的报道页面设计充分发挥了传统媒体强大的采编力量和策划能力,同时又具有网络丰富的多媒体组合以及良好的互动性等特点。与创业公司 Byliner 合作,《纽约时报》将一些内容制作成单行本发行,第一期《雪崩》在亚马逊、苹果和巴诺的电子书店里出售,共 1.8 万字,售价 2.99 美元。普利策新闻奖颁奖词说:"《雪崩》对遇难者经历的记叙和对灾难的科学解释使事件呼之欲出,灵活的多媒体元素的运用更使报道如虎添翼。"这个作品的获奖被视为在全球数字化的浪潮下,传统媒体进行变革的有益尝试,也成为融合新闻的标杆之作。

6.4.2 新媒体创新

6.4.2.1 解释性新闻专门网站设立

由于新媒体的冲击,传统媒体的解释性报道减少了。2014 年起,多家媒体机构在互联网上建立了专门的解释性新闻网站、频道,其中 Vox Media 旗下的 Vox. com,《纽约时报》的 The Upshot,ESPN 集团的 Five Thirty Eight 等三家网站的出现最为引人注目,着力还原新闻事件背后的新闻。《时报》的 The Upshot 将技术与解释性报道结合,采用数据挖掘与统计方法来生产新闻。宏观与微观、历史与现实相结合,使报道的事件向整体性迈

进,以便更清楚地揭示新闻事件背后的原因。另外,可视化的界面可以展示各种数据、图表、动画、视频等,帮助用户理解复杂信息。用户还可以参与在线内容的管理,进行内容的互动与再生产。

互联网上的解释性报道在报道手段、叙事模式、传播形态上有创新。它的出现弥补了社交媒体上新闻信息碎片化,缺乏全面和深入的解释的不足。在报道手段上,以数据驱动报道,如《纽约时报》的 The Upshot 注重数据分析和数据可视化。网站负责人说:"我们正试图帮助读者获得对问题本质的了解,并且以一种情境式和对话式的方式呈现。在这一过程中,数据是一种特别有效的方法。"Five Thirty Eight 网站的前身是由统计学家纳特·西尔弗开设的独立博客,致力于政治选举的预测。在 2008 年美国总统大选中,西尔弗因运用自己开发的统计模型成功预测了全美 50 个州中 49 个州的选举结果而声名大噪,被《纽约时报》招致麾下。Vox.com 除了在报道中大量使用数据、图表之外,还特别设置了一个地图专栏:以图表为报道主体,辅之以简练的文字提示要点、解释说明。采用交互式卡片化的叙事模式,优化阅读体验。该模式的核心思想是把新闻主题拆解为有意义的微型信息单元,并以卡片的形式来承载。

将所有的卡片整合起来,就形成了关于该新闻主题的完整报道。Vox.com 建立的"卡片库"专栏就采用了清单的形式,条分缕析地呈现复杂的新闻主题。新闻应用 Timeline 采用了时间线的形式来呈现事件发展的轨迹。该应用中的每条新闻都包含了综述和时间轴两大部分。

"知识地图"则是《华盛顿邮报》在 2015 年新开发的一项功能,主要是将一篇报道中所需要解释的术语、背景议题等设置为高亮的超链接形式,读者只要点击就会在屏幕左侧看到相应的解释,而无须进行页面的跳转。交互式卡片化报道不仅是叙事模式的创新,更体现了一种有效"报道"新闻、积累和组织公共知识的新思路。

传播形态方面,注重用户分享、参与,打造网络公共论坛。重视以用户的分享带动传播,推动内容经由社交网络进行高质量的扩散是当前解释性新闻网站和应用共同的选择。比如,Vox.com 就采取了一系列旨在促进用户分享的举措:不光是每一篇报道,甚至是每一张新闻卡片上都设置了可以一键分享到 Facebook、Twitter 等多个社交平台的按钮。The Upshot 的负责人就希望它能够成为记者与用户相互协作的产物,用户不仅提供反馈,还能更多地参与到新闻的上游生产中

来。新闻解码网站 News-Decoder 则将论坛作为其重要的组成部分,在解释新闻的同时,搭建一个无国界的新闻平台,让全球的年轻人能够在此就国际问题展开积极的交流讨论。

调查性报道受关注。2014 年有 45 家媒体将自身定位为调查性报道媒体,一些大型的非营利机构,如 ProPublica、公共廉政中心、调查性报道中心主要制作调查性报道,通常也与传统新闻媒体合作。包括普利策奖得主 ProPublica 在内的 73 家数字新闻机构组成了最大规模的非营利性组织"调查新闻网",合作时间已有 5 年。

参考文献

［1］（德）马克斯·韦伯,文明的历史脚步［M］.北京:生活·读书·新知三联书店,1988.

［2］张允若,高宁远.外国新闻事业史新编［M］.成都:四川人民出版社,1996.

［3］（加）马歇尔·麦克卢汉.理解媒介:论人体的延伸［M］.北京:商务印书馆,2000.

［4］项翔,近代西欧印刷媒介研究［M］.上海:华东师范大学出版社,2001.

［5］（美）迈克尔·埃默里,埃德温·埃默里.美国新闻史:大众传播媒介解释史［M］.北京:新华出版社,2001.

［6］陈力丹,世界新闻传播史［M］.上海:上海交通大学出版社.2002.

［7］（德）马克斯·韦伯,新教伦理与资本主义精神［M］.桂林:广西师范大学出版社,2005.

［8］（法）让-诺埃尔·让纳内.西方媒介史［M］.桂林:广西师范大学出版社,2005.

［9］（法）克琳娜·库蕾.古希腊的交流［M］.桂林:广西师范大学出版社,2005.

［10］（英）凯文·威廉姆斯.一天给我一桩谋杀

案:英国大众媒介史[M].上海:上海人民出版社,2008.

[11] (美)大卫·斯隆.美国传媒史[M].上海:上海人民出版社,2010.

[12] 李良荣,西方新闻事业概论[M].上海:复旦大学出版社,2010.

[13] 吴伟,格拉布街[M].北京:北京大学出版社,2010.

后　记

大概是 2001 年,我开了门新课——西方新闻事业。这是工商大学第一门外国新闻类的课程。彼时纸媒还盛行,电视正颠峰。新课开设后,我愈加体会到其中的不易。我讲这门课每年要更新报纸、杂志的发行量数据,观察电视的新栏目,关注传媒业巨头收购兼并的消息,否则,一不小心,去年可能还是独立的媒体,今年就新换了主人。比如《时代》杂志,它是纸媒时代的翘楚,由它起步累加壮大的时代华纳集团在我开课之时是传媒业中的巨无霸,营业额居五大传媒集团首位。与美国在线完成世纪并购后,现实并没预想中的美好,2006 年之后财务状况一直下降。在新媒体冲击下,杂志生路颇艰。2014 年《时代》被母公司从集团中剥离,母公司总部也被迫搬离已入驻了 50 年的洛克菲勒中心的时代生活大厦。渐渐地电视也从大众注意力的顶峰滑落,名噪一时的主持人突然离职,火了若干年的栏目转瞬停播。传媒业真是瞬息万变。

新媒体登场,影响力剧增,新技术的颠覆性使纸媒、广播电视从中心变为了传统媒体,新闻业有了新形态。媒介融合方兴未艾，虽然我年年都在跟进各媒体的新媒体转型，但媒介融合的案例多种多样，在写作梳理时，庞大的资料使我产生疲惫之感，深感新媒介带来前所未有变局之革命性。

在这十几年千变万化的西方新闻业进程中，我的教学从印刷术起步，讲印刷术如何改变了欧洲社会，止于互联网时代的新媒体，谈《纽约时报》如何蜕变为了一个"初创公司"。变革一直在继续，凝聚在这本小书的字里行间不过是一个阶段的停驻。

本书是"网络化人文丛书"系列之一。该套丛书的主持者是浙江工商大学蒋承勇教授，从选题策划到编写统稿，是在蒋教授的主持下得以完成的，在此深表感谢。感谢浙江工商大学出版社鲍观明社长的把关和刘淑娟编辑的沟通。感谢浙江工商大学人文与传播学院副院长程丽蓉教授的惠爱与督促。限于丛书体例，参考文献无法在脚注中标明，今择其要者胪列书后，不当之处望读者见谅。

记得我开课时用的教材是李良荣老师最早版的《西方新闻事业概论》，一本32开小书。李老师的书言简意赅，三言两语就能把问题阐释清楚。

后来亲聆他的教诲：要用最简洁的文字把复杂的事情说清楚。当然最后呈现的文字未必能如愿。十几年后犹记初读他的书，是在萧山娘家的蚊帐内，身边儿子入睡，室外蛙声一片。